情報力は、避難力！

気象予報士 渡邉 俊幸

はじめに

　大きな水害や土砂災害が発生する時、人はなぜ逃げ遅れるのでしょうか？そうした災害は大雨が引き金になりますが、降り始めからものの１分後に起こるわけではありません。そこには必ず時間的な幅があります。ただし、幅といっても違いがあり、いわゆるゲリラ豪雨の場合は一滴の雨が降ってから災害が起こるまでに１時間もないかもしれません。しかし台風などの例では数時間や時に１日以上、対応にあてるための時間が存在するのです。そうした違いはあるにせよ、災害が発生するまでの貴重な時間はなぜか活かされず、毎年少なくない人が逃げ遅れ、被害を被っています。

　水害や土砂災害の際には、このままでは大きな被害が発生しかねないと告げる「非常ベル」も常に鳴り響いているものです。その「非常ベル」は気象庁が伝える警報や大雨特別警報かもしれません。あるいは自治体が発令する避難指示かもしれません。水位の上がり具合や今どこでどの程度の雨が降っているかを示すデータも危険が目前に迫っていることを示すことがあるでしょう。水害や土砂災害の場合はこうした数々の「非常ベル」があるにもかかわらず、ある人は逃げ遅れ、またある人は水や土砂が自宅に押し寄せてから慌てて対応をしようとするのです。

　災害が起こるまでの貴重な時間が生かせないことと、「非常ベル」が鳴っていることに気づけないことの根は同じです。

　「人はなぜ逃げ遅れるのか」という問題の背後には、避難の判断に情報が活かし切れていない点があります。この意味で情報力は避難力に直結します。災害が迫る時に入手できる数ある情報を通じて異常事態を察知し、自分への影響を判断してすぐに行動することができれば、気づいたら災害に巻き込まれていたという事態は起こらないはずです。

　ではどうしたら避難の判断に情報をうまく利用できるようになるでしょうか？

　筆者が長年に渡り気象情報の利用に関して国内外で積んできた経験からいうと、そのポイントは「自分のことにどれだけ引き付けて情報をあらかじめ

理解し、使える状態にしておくことができるか」にあると思います。情報を得さえすれば判断できると軽く考えるのは禁物です。事態が切迫していることを伝える情報を見ても「それほど大ごとにはならないはずだ」と過小評価してしまいがちなのが人の心です。

　危機を知らせる情報と自分に見込まれる影響の関連付けが弱いとそうした迷いが起こりやすいものです。このため発想を逆転させましょう。自分の身に影響が出かねないという兆候は何の情報に現れるか整理し、それと同時に避難行動を計画しておくのです。それが自分のことに引き付けて情報を理解し、使える状態にしておくことの意味です。情報と自分への影響をあらかじめリンクさせておけば、入手した情報の中に自分が被る可能性のある影響を見ながら必要な避難行動を取っていくという流れが生み出せるはずです。そこで本書では第１部から第３部まで３段階に分けて情報と自分への影響を結びつけていきます。

　第１部では災害のリスクやその影響について詳しく見ていきます。災害リスクは単にハザードマップを見て全て理解できるわけではありません。詳しくは本文で述べますが、ハザードマップ１つをとっても様々な種類やバージョンがありますし、ハザードマップでは網羅されていない災害リスクもあります。また、ハザードマップで１メートル浸水する見込みだと分かっても、その現象で自分や家族が一体どうなるのかという影響部分まで知っておかなければ事前の備えや避難などの対策は具体化しないはずです。

　続く第２部では、災害のリスクやその影響を避けるための避難策をA案とB案という２案で考えていきます。なぜ２案必要なのでしょうか？　それは保険です。A案は安全なうちに行う避難行動の案です。しかし、予測されていたよりも実況が悪くなったり、詳細な情報がほとんどない状態だったのに急に悪化したりする例は現実的に起こりえます。そのような事態でも命が守れるようにするのがB案です。防災対策の中では必要な情報がタイムリーに発表され、避難行動が支障なく行われることを暗黙の前提としてタイムライン等の計画が練られがちですが、荒れ狂う自然現象を相手に全てがうまくいく

とは限りません。臨機応変に対応できるよう、A案が使えない時にはB案で対処するという2案が必要なのです。

　最後の第3部では、A案を行うべきタイミングとA案からB案へ切替えるタイミングが何の情報に現れるのかについて見ていきます。気象情報の中には早い段階に出される情報から災害がすでに起こっているに違いない状態を伝える情報まで幅があります。それら一連の情報の中でどの段階のものを使うかは、皆さん自身がA案を実施するために必要とする時間にかかっています。置かれた状況やどこに避難して身の安全を図るかによってかかる時間はまちまちであるので、人それぞれ使う情報も異なります。第3部で紹介する情報の中で自分の場合は何を使うべきか検討しながら読み進めてください。

　第3部では気象庁などが発表する情報の解説が主になりますが、それぞれの情報がどういった基準に達した時に発表されるのかについての詳細も記すようにしています。情報の発表基準には過去にその地域で発生した災害事例の統計が用いられることが多く、そうした背景を知っておいた方がA案やB案への切り替えに利用すべきか判断するのに役立つためです。また、第3部では気象レーダーに映る大雨の様子や雨量のデータの使い方も見ていきます。これらの情報には、災害発生に至る可能性が高いと言われる線状降水帯やゲリラ豪雨の様子がくっきりと現れます。リアルタイムで危険性が判断できる貴重な情報源であるので、避難行動の判断に積極的に取り入れられるようにしていきましょう。

　各部の最後には得た知識を実践に応用していくための準備としてワークを設けています。3回のワークを通じて、災害リスクやその影響と、避難行動のA案とB案の内容やそれぞれに対応する判断用の情報を1枚に整理することができる「避難行動のA案・B案検討シート」を埋めていきます。本書で学んだことやワークを通じて情報力を避難力に結びつけていただけたら筆者としてこれほど嬉しいことはありません。

2021年5月　　渡邉 俊幸

免責事項

● 本書は気象情報の利用法について基礎的な見方を提供するものですが、災害時の対応の際にはあくまでもご自身の判断で行ってください。本書の情報を利用したことによる損害については、いかなる場合も著者及び発行元はその責任を負いません。

● 本書でご紹介する気象情報は2021年5月現在のものとなります（一部で改定予定のものも含みます）。その後に行われた情報の見直しや追加には対応していませんが、本書でお伝えする発想や情報の整理方法は新しい情報が出た際にも応用ができるような内容となっています。

● 2021年2月に気象庁のホームページのデザインが一新されました。本書の中で取り上げた気象庁関係の図の一部には旧デザインに基づいているものもあります。

避難行動のＡ案・Ｂ案検討シート

本書の中のワークではこの「避難行動のＡ案・Ｂ案検討シート」の①から⑥までを埋めていきます。拡大コピー等をしてお使いください。

避難行動の
Ａ案・Ｂ案
検討シート

① 直面する可能性がある重大な災害とその影響

Ａ案

② 理想的な行動計画と所要時間（Ａ案）

③ Ａ案の阻害要因

⑤ Ａ案実施の手がかりとする情報

切り替え ポイント

Ｂ案

④ 非常中の非常プラン（Ｂ案）

⑥ 切り替えの手がかりとなる情報

目 次

第2部　A案とB案で考える避難行動

第 **1** 部

避難すべき災害とは
どんな災害か？

1. 第1部の目的と構成

第1部で取り組む3つのこと

　第1部では災害と避難に関する理解を深めるために3つのことに取り組みます。まず初めに災害リスクの詳しい調べ方に関して解説をしていきます。リスクを事前に確認しておくことは非常に重要であることは言うまでもありません。自分が被りうる災害について理解があやふやな状態では日頃から備えておくことができないばかりか、今にも災害が起こりかねない危機的な状況が迫っても適切な避難行動が取れなくなってしまいます。

　ではどのように災害リスクを調べていけば良いのでしょうか？　第1部ではハザードマップだけではなく、過去に発生した災害の資料や地形的な特徴なども踏まえ、どこで浸水や土砂災害が発生しうるのかをしっかりと把握していく方法をお伝えします。

　次に、災害を引き起こす可能性がある雨量について理解を深めます。少しの雨が降るたびに道路が冠水して交通が麻痺したり、河川が決壊したりしていては社会生活が成り立ちません。私たちの社会はそうした不具合が発生しないように下水や堤防などを整え、一定程度までの雨量では何事も起こらないようにしています。

　しかしそうした治水対策も大量の雨に対しては無力です。では何事も起こらない雨量と災害に結びつく可能性がある雨量の境目はどこにあるのでしょうか？　もしその境目が分かっていたら、例えば「200ミリ降る可能性がある」との情報を得た時に災害が起こりそうか否か推測しながら対応を取ることができるようになるでしょう。「このぐらいの雨が降ると危ない」という境目に関する知見を私は「大雨の肌感覚」と呼んでいます。そうした肌感覚を過去に起こった災害時の雨量や観測記録に残っている雨量などを通じて第1部では身につけていきます。

　第1部の最後では、浸水や土砂崩れが発生した際に自分の身に何の影響が出るかについてイメージを深めていきます。「2メートルの浸水が予測され

ている」といった情報は現象に関するものですが、それが実際に発生した時に皆さんはどのような影響を被っているでしょうか？ 2メートル浸水する可能性があると知っても「深そうだな」で終わってしまっては残念ながら意味がありません。2メートル浸水した時に自分や家族はどうなるか、自宅はどうなるか、街はどうなるか、電気・ガス・水道・電話・インターネットなどのインフラはどうなるかなど、各方面に出てくる影響を理解した上で、事前の備えやいざという時の対策を考えておく方が遥かに実践的です。浸水の深さごとに何が起こりうるかは既存の情報があるので、本文の中で詳しく紹介していきます。

　災害リスクについて知り、雨量に関する理解を深め、影響まで踏み込んで考えていくのが第1部です。まずは内水氾濫リスクの調べ方から見ていきましょう。

2. 内水氾濫のリスクの調べ方

内水氾濫の2つのタイプ

　河川からの水が流れ込まなくても浸水の被害が発生することがあります。そのような災害は堤防の内側（住宅や農地などの側）で発生する氾濫であることから「内水氾濫」と呼ばれます。

　内水氾濫は発生の仕方によって「氾濫型の内水氾濫」と「湛水（たんすい）型の内水氾濫」の2つに分けられます。湛水とは「水をたたえる」という意味です。気象庁はこの区分に沿って内水氾濫に関する情報を発表するため、2つのタイプの相違をまず理解していきましょう。

氾濫型の内水氾濫	湛水型の内水氾濫
✓ 短時間強雨等により雨水の排水能力が追いつかず、発生する浸水。 ✓ 河川周辺地域とは異なる場所でも発生する。	✓ 河川周辺の雨水が河川の水位が高くなったため排水できずに発生。 ✓ 発生地域は堤防の高い河川の周辺に限定される。

図：氾濫型の内水氾濫と湛水型の内水氾濫の違い。気象庁のホームページより引用。

氾濫型の内水氾濫

　氾濫型の内水氾濫は、短時間に大量の雨が降ることによって下水や排水ポンプなどの処理能力を超えてしまった時に発生するタイプの氾濫です。氾濫型の内水氾濫では、行き場を失った水が流れ込むような場所で浸水の被害が発生します。道路や鉄道の下をくぐり抜けていくアンダーパスや地下室のある建物などは、周辺に比べて土地の高さが低く水が流れ込みやすいため要注意です。地形的に見て谷になっているところや、谷のようにはっきりしていなくても周辺部に比べてやや低くなっている場所なども氾濫型の内水氾濫で被害を受ける可能性があります。

　大雨が降るたびに道路が冠水したり、床下・床上浸水が何度も発生したりする場所はありませんか？ 繰り返し被害が発生するような場所は地形的に見てリスクが高いところと判断して良いでしょう。自治体によっては内水氾濫が発生した場所を示した地図を公開しています。「浸水実績図」という名称で呼ばれることが多いので、自治体のホームページで調べてみてください（図参照）。内水氾濫が発生した時の雨量も記載されていないかも同時に見ておきます。

大田区浸水実績図（昭和60年〜令和元年）

色 別	年 度	月 日	降 雨 状 況	被害状況（世帯）
	昭和60年	7月14日	集中豪雨・1時間程度 最大90mm/1時間　　全域	5430
	昭和62年	7月25日	集中豪雨・1時間程度 最大30mm/15分　　全域	1470
	平成2年	9月13日	集中豪雨・6時間 最大70mm/時間　　全域	490
	平成3年	9月19日	台風・長雨・33時間 最大55mm/時間　　全域	100
	平成4年	7月9日	集中豪雨・30分弱 最大38mm/30分　　全域	30
	平成10年	8月3日	集中豪雨・1時間程度 最大65mm/時間　　大森地区	240
	平成11年	8月29日	集中豪雨・1時間程度 最大80mm/30分　調布・大森地区	680
	平成12年	7月7・8日	台風・17時間 最大27.5mm/時間　　全域	3
	平成13年	6月7日	集中豪雨・3時間半 最大52.5mm/時間　蒲田地区	24

図：東京都大田区の浸水実績図とその凡例（一部抜粋）。各事例が色で示されており、何度も内水氾濫の被害が発生している箇所があることが分かる。災害発生時の雨量もこうした資料では明記されていることが多い。東京都大田区のホームページより引用。

　自治体によっては「浸水実績図」だけではなく、内水氾濫によって浸水する可能性がある場所や深さに関するシミュレーション結果を公表している場合もあります。それが内水氾濫のハザードマップです。自治体のホームページなどで入手できる場合には自宅周辺や避難ルート上の浸水の深さを確認すると同時に、何ミリの雨が降ったことを想定して作成された図なのかも確認しておきましょう。内水氾濫のハザードマップの場合、1時間に降る雨の量だけで計算されているものや、長時間に渡って大量に雨が降る前提で計算されているものなど自治体によって前提条件はまちまちです。

湛水型の内水氾濫

　もう1つの内水氾濫のタイプである湛水型の内水氾濫は、河川の水位が上昇してしまったために市街地や農地などで降った雨水を河川に排水できなくなり発生するものです。上昇した河川からの水が下水管などを通って市街地などに逆流していく場合も湛水型の内水氾濫に分類されます。

　湛水型の内水氾濫のリスクがある場所は、堤防が高くなっている河川の周

辺で他の場所よりも土地が低くなっているところです。大河川沿いだけではなく、中規模河川沿いでも堤防が高い場合は発生の可能性があります。令和元年東日本台風（台風19号）ではこのタイプの内水氾濫が多摩川沿いなどで発生し、神奈川県川崎市内では樋管（市街地側に降った雨を川へと流す排水路が堤防の中を通る水路）を通じて増水した多摩川の水が市街地に逆流し、市内のタワーマンションが水没して孤立する例がありました。この例では旧河道沿いで浸水が深くなったと言われています。旧河道とはかつて川が流れていた場所であり、周辺よりも土地の高さが1〜2メートルほど低くなっている場合があるところです。そうしたところに行き場を失った水が流れ込むことで思わぬ深さの浸水が発生するわけです。

　内水氾濫は旧河道だけではなく、河川の堆積作用で形成された氾濫平野や後背湿地（自然堤防の後ろ側や旧河道等の周辺に分布する低湿地）、干拓地などでも発生しやすいと言われています。地形に潜むリスクについて調べたい時には国土地理院の「治水地形分類図」をインターネットで閲覧すると地図上で確認ができます。全国すべての場所を対象に治水地形分類図が公開されているわけではありませんが該当する場合には参考としてみてください。

排水ポンプの運転停止と内水氾濫

　内水氾濫のリスクに関連してもう1つ覚えておいていただきたいのは、住宅街などに降った雨を河川に排水するためのポンプ場が人為的に停止されるケースがあるという点です。

　停止されるタイミングは、排水先の河川の水位が上昇して氾濫の恐れが高まった時です。河川の氾濫で引き起こされる被害と排水ポンプを止めることで発生する被害を比較した場合、前者の方が被害規模は大きくなるとされています。このためやむをえず流域の排水ポンプの運転を止め、河川へのさらなる負担を減らす措置が取られることがあります。

　排水ポンプが停止されれば低い土地や堤防沿いで内水氾濫が発生したり、浸水の深さが増したりする可能性があるため、排水ポンプの停止措置の制度

が導入されていないかを各自治体のホームページやハザードマップなどで確認しておきましょう。排水ポンプの停止は「運転調整」と呼ばれることがあります。

　もし運転調整の制度が導入されている場合には排水先の河川がどのような水位の時に規制がかかるのかも確認しておきます。大雨で水位が上昇する時には、排水ポンプの停止基準に達する可能性があるかを水位のデータを見ながら把握するように努めます。内水氾濫が発生すると車や徒歩での避難を妨げるため、排水ポンプが停止された後では避難が困難となる可能性があります。

＼ チェックポイント ／

□自宅や自宅周辺、避難先への経路上などで過去に内水氾濫が発生したり、内水氾濫のハザードマップで浸水が想定されたりする場所はありませんか？

□お住まいの自治体では排水ポンプの運転調整が行われますか？

□排水ポンプの運転調整が導入されている場合には、どういった時にポンプが停止されますか？

3. 中小河川の外水氾濫リスクの調べ方

2つの外水氾濫

　ここまでは堤防の住宅地側で発生するタイプの氾濫について見てきました。ここからは河川が氾濫した時のリスクの調べ方についてまとめていきます。堤防の外側（河川側）の水によって発生する氾濫は「外水氾濫」と呼ばれますが、同じ外水氾濫でも中小河川と大河川の場合とではリスクの確認の仕方やいざという時に発表される情報の種類は異なっています。このため本書では中小河川の外水氾濫と大河川の外水氾濫を別のものとして扱い、それぞれ順に説明していきます。まずは中小河川の外水氾濫からリスクの調べ方を確認していきましょう。

中小河川のハザードマップ

　中小河川の流域は狭い場合が多く、流域で降った雨が短時間のうちに河川の水位を押し上げていきます。普段は水位が非常に低い穏やかな川であったとしても大雨になれば表情を変え、思わぬ浸水被害が発生したり、家を押し流してしまったりすることがあります。

　中小河川であっても被害という意味では決して侮れないのですが、中小の河川を対象とした浸水想定区域図（ハザードマップのもととなるデータ）の作成は一部の都道府県にとどまっており、リスクを確認する手段は現状では限られています。自治体や都道府県の河川課等のホームページで調べても中小河川対象の浸水想定区域図が出てこなければ現状では未作成と判断し、今後の整備・公開を待つ必要があります。すでに公開されている場合には、自宅周辺などでどの程度の深さの浸水が見込まれるのかを確認しておきましょう。流域で何ミリ程度の雨が降ったことを想定してシミュレーションがされているかも忘れずに見ておいてください。

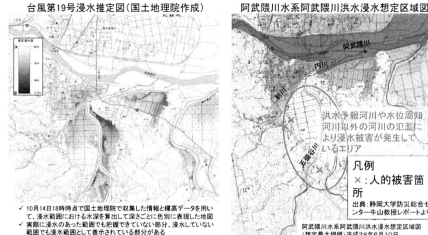

台風第19号浸水推定図（国土地理院作成）

✓ 10月14日18時時点で国土地理院で収集した情報と標高データを用いて、浸水範囲における水深を算出して深さごとに色別に表現した地図
✓ 実際に浸水のあった範囲でも把握できていない部分、浸水していない範囲でも浸水範囲として表示されている部分がある

阿武隈川水系阿武隈川洪水浸水想定区域図

洪水予報河川や水位周知河川以外の河川の氾濫により浸水被害が発生しているエリア

凡例
×：人的被害箇所

出典：静岡大学防災総合センター牛山教授レポートより

阿武隈川水系阿武隈川洪水浸水想定区域図
（想定最大規模）平成28年6月10日

図：令和元年東日本台風による浸水箇所の推定図（左側）と阿武隈川を対象とした浸水想定区域図（右側）の対比。浸水想定区域図では空白となっていた中小河川沿いが浸水し、人的被害も発生している。国土交通省作成資料より引用。

　中小河川の浸水リスクを調べたい時には、調べたい川を対象に作られた浸水想定区域図を必ず見るようにしなければなりません。あたり前のことを言っているように聞こえるかもしれませんが、ここに大きな落とし穴があります。前ページの図をご覧ください。図の左側は令和元年東日本台風（台風19号）の際に発生した浸水の場所を濃淡で示したものです。浸水した場所は地図上を左側から右側に流れる大きな川（阿武隈川）沿いではなく、南北に走る中小河川沿いが中心であったことが読み取れます。一方、図の右側は阿武隈川の浸水想定区域図です。この図は阿武隈川の氾濫を対象とした情報であるため、浸水が実際に発生した中小河川沿いでは浸水深の想定は出されていませんでした。この右の図だけを見るとまるで中小河川沿いに危険がないかのように見えてしまうのですが、実際には空白となっている箇所で人的被害も発生しています。このように、大河川を対象とした情報を見て中小河川のリスクの有無を判断しようとすると誤解が生じかねません。大河川の浸水想定区域図は大河川だけに関する想定です。中小河川のリスクを調べる時には該当する中小河川の浸水想定区域図を見て確かめていくようにしましょう。

中小河川の氾濫が発生しやすい地形

　中小河川でハザードマップが作成されていない場合には、地形を手がかりとしてリスクを把握していく方法を用いていきます。

図：山間部を流れる河川沿いの谷底平野が浸水する時の模式図。気象庁作成の資料より引用。

例えば山間部を流れる中小河川では、河川沿いに広がる谷底平野にリスクが潜んでいると言われています。前ページの図は川が増水し、谷底平野がまるで川の一部のようになる状態を模式的に示したものです。増水で勢いを増した水の流れによって川岸が削られ家屋が流されてしまったり、大量の水が比較的狭い範囲に流れ込むことで家屋等が押し流されたりする可能性が図示されています。

過去に山間部で発生した災害では河川に流れ出た倒木が橋桁に引っかかってしまい、行き場を失った土砂混じりの水がそこから溢れ出して大きな被害が発生した例もありました。川が増水した時にすぐに水が来るような高さしかない場所では水害の危険性と隣り合わせと判断して備えておく必要があります。

山間部から流れ出る中小河川の下流部分で勾配が緩くなっている地域では「土砂・洪水氾濫」も念頭に置いておきましょう（図参照）。大雨によって上流部で山の表層が崩れるようなことが起こると土砂が河川に流れ込みます。流れ出た土砂は増水した川によって運ばれていきますが、谷を出て勾配が緩くなったところで堆積して川の流れを阻害します。このため下流区間の広い範囲で土砂と泥水の氾濫が発生することがあります。これが土砂・洪水

土砂・洪水氾濫

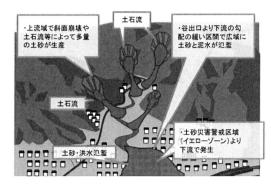

・上流域で斜面崩壊や土石流等によって多量の土砂が生産

土石流

・谷出口より下流の勾配の緩い区間で広域に土砂と泥水が氾濫

土石流

・土砂災害警戒区域（イエローゾーン）より下流で発生

土砂・洪水氾濫

・下流の河道を掃流状集合流動・掃流砂、浮遊砂で流下・堆積

・河床上昇・河道埋塞によって氾濫した土砂と泥水が保全対象に被害を及ぼす
・土石流に比べ細かい粒径の土砂が氾濫・堆積

図：土砂・洪水氾濫に対して注意を要する地形の模式図。国土交通省作成資料より引用。

氾濫と呼ばれるもので、平成29年7月九州北部豪雨や平成30年7月豪雨などで報告されています。

中小河川が大河川に流れ込む場所にも注意

支川にあたる中小河川が本川である大河川に流れ込むような場所の周辺も洪水に注意が必要です。本川の水位が上昇すると支川からの水が流れ込みにくくなり、支川の水位が上昇して水が溢れる可能性が出てきます（図参照）。この現象はバックウォーター現象と呼ばれています。本川と支川の両方に囲まれたような地域ではより大きな川の氾濫に意識が向きがちな面もあるかもしれませんが、バックウォーター現象があるため支川からの氾濫に対しても油断は禁物であると認識しておきましょう。

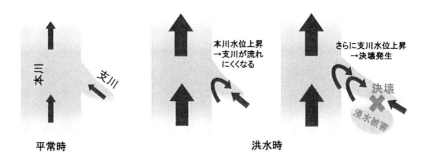

図：バックウォーター現象に関する模式図。本川の水位が上がる際には支川での決壊にも留意する必要がある。福島県作成の資料から引用。

中小河川ではハザードマップの作成があまり進んでおらず、どの程度の浸水深となる可能性があるか事前に把握するのが難しい面もあります。しかし中小河川の場合でも数メートルの浸水が発生したり、木造住宅が流されたりするなど大きな被害が発生することがあるので、被害は軽微と高を括ってしまうことがないようにしておきたいところです。

＼ チェックポイント ／

□中小河川が氾濫すると大きな被害が起こりうる場所（河川沿いの谷底平野、
　河川の勾配が変化する場所、本川に流れ込むような場所）に自宅や勤務先
　等はありませんか？

4. 大河川の外水氾濫リスクの調べ方

洪水浸水想定区域図の2つの前提条件

　次に大河川の外水氾濫のリスクを調べる方法を見ていきましょう。大河川
ではハザードマップのもととなる浸水想定区域図が作成されています。その
浸水想定区域図ですが、同じ河川を対象に2つのバージョンがあることをご
存知ですか？　図は関東平野を流れる荒川が氾濫した時に東京都江戸川区で
見込まれる浸水の深さを表した浸水想定区域図です。同じ浸水想定区域図で
もバージョンが異なるので図の左側は区内の西半分が、図の右側は区内の東
半分を含めた全域で浸水が発生する想定となっています。

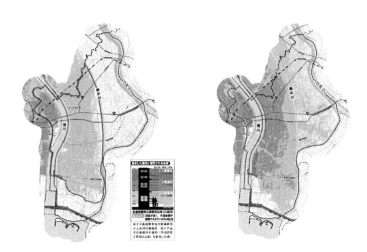

図：荒川を対象とした計画規模の浸水想定区域図（左側）と想定最大規模の浸水想定区域
　　図（右側）の比較。図左側の地図上に示された太枠は令和元年東日本台風時に避難が呼
　　びかけられた地域。東京都江戸川区のホームページより引用。

　浸水が見込まれる地域の違いは、シミュレーションに用いた前提の雨量が異なることに起因します。左側は「計画規模」の降水量、右側は「想定最大規模」の降水量が使われています。「計画規模」とは「このレベルの大雨が流域に降っても安全に対処できるように河川を整備しよう」という目標値です。一方の「想定最大規模」は、考えられる中で最も多い雨が流域で降ったらどうなるかを示したものです。確率的により起こりやすいのは計画規模の方、比較的低確率であっても起こらないとは限らない最悪ケースが想定最大規模の方です。想定最大規模の方が氾濫した時の水の量も多くなるため、より広範囲な場所が浸水したり、浸水が深くなったり、家が押し流されたりするような被害が拡大したりします。

　市町村は独自で氾濫の想定を行っているのではなく、河川管理者（国土交通省や都道府県）が作成した浸水想定区域図を使ってハザードマップを公開しています。自治体が作成したハザードマップで浸水のリスクをチェックする時には、計画規模のバージョンを見ているのか、それとも想定最大規模のバージョンを見ているのか注意して確認するようにしてください。図の凡例や説明などでシミュレーションの条件が書かれているはずです。

　自治体のハザードマップにはどちらか一方のバージョンしか掲載されていないこともよくあります。そうした場合は河川管理者のホームページで浸水想定区域図の両バージョンを確認しておきましょう。江戸川区の例で見たように計画規模と想定最大規模では影響する範囲や深さなどが異なるので、様々な事態に対応できるようにしておくためにも2つのバージョンを見ておいた方が良いのです。

　実際に大雨となり河川が上昇するような時には、流域で降る雨の量を参考として計画規模レベルのことが起こるか、それとも想定最大規模レベルのことが起こるか見極められることもあります。令和元年東日本台風が接近した時に江戸川区は区内の西半分の地域に避難を呼びかけましたが、その裏には気象庁から伝えられた流域の雨量予測をもとに計画規模で想定された浸水被害が起こりうるとの判断がありました。これから先何が起こる可能性がある

かを判断する手がかりとしても浸水想定区域図は役立ちます。

離れた場所で氾濫した時の影響は？

　自宅が浸水するのは何も目の前の堤防が崩れた時だけではなく、数キロから数十キロ先で発生した氾濫の影響を受ける場合もあります。遠方からやってきた水でどの程度の深さになるか、水が来るまでどの程度の時間があるかなどを調べるには国土交通省がインターネット上で公開する「浸水ナビ」を使いましょう。

　浸水ナビの地図上で調べたい場所を選択すると、その場所に浸水被害をもたらす可能性がある破堤点（決壊場所）が表示されます。次の図は例として東京都葛飾区内の地点（×印）を調べたものです。×印の地点に影響する破堤点（●印）がいくつも示されていますが、その中には50キロ程度離れたものもあります。それぞれの破堤点を選択すると水が広がっていく様子がアニメーションで確認できます。水が到達するまでの時間や深さを見ておきましょう。

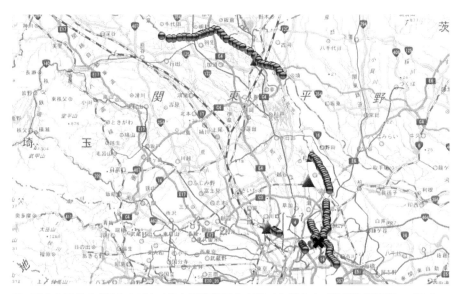

図：国土交通省の「浸水ナビ」で東京都葛飾区内を調べた場合（×印が選択箇所）。50キロ
　　程度離れた河川の氾濫も影響することが分かる。▲印は水位観測所を指す。

　日常の生活圏を超えたところからの氾濫は盲点となりやすいものです。浸水ナビを用いてどのあたりが決壊すると危険が及ぶ可能性があるのかを把握しておいてください。

内水氾濫と外水氾濫のどちらに備えるか？

　ここまで内水氾濫と外水氾濫のリスクを調べる方法についてまとめてきました。内水氾濫と外水氾濫の2つのリスクがあるところにお住まいの場合、被害の規模がより大きい大河川の外水氾濫のみに着目して事前対策や避難計画を検討してしまうかもしれません。しかし次の2つの理由から内水氾濫や中小河川の外水氾濫への対策にも力を入れておく必要があります。

　1つ目の理由として、過去の災害を見ると大河川の外水氾濫よりも内水氾濫や中小河川の外水氾濫の方が被害件数として多いことが挙げられます。例えば令和元年東日本台風では全国で約4.7万戸が浸水しましたが、そのうちの6割以上にあたる約3万戸は内水氾濫による被害でした。またこの台風で決壊した全国71の河川のうち、中小河川は43河川と約6割を占めました。新聞やテレビなどでは大河川の外水氾濫に焦点があてられがちですが、そのイメージに引きずられて内水氾濫や中小河川の外水氾濫対策を疎かにすると思わぬところで足を掬われかねません。雨量の面から見ても、大河川が氾濫する場合よりも比較的少ない雨量から内水氾濫や中小河川の外水氾濫が起こり始めます。その分、災害の発生頻度も大河川の外水氾濫より高くなります。

　内水氾濫や中小河川の外水氾濫対策が疎かにできない2つ目の理由は、それらがいったん発生してしまうと避難の足が奪われたり、避難自体に危険が及ぶ可能性があったりするためです。詳しくは第2部で説明していきますが、浸水の深さが比較的低くても徒歩や車での移動は困難となりかねません。災害が起こる順番としては雨量が比較的少ない段階から発生しうる内水氾濫や中小河川の外水氾濫の方が大河川の外水氾濫に先行すると考えられます。大河川だけに着目して避難を考えておくと逃げられない可能性が出てくるため、内水氾濫や中小河川の外水氾濫のリスクや影響も考慮し総合的に考えておく

ことをお勧めします。

＼ チェックポイント ／
□浸水想定区域図について、計画規模と想定最大規模の2つを確認して予想
　される浸水の深さや浸水する場所をチェックしましたか？
□国土交通省の「浸水ナビ」を使って遠方で発生する氾濫が影響する可能性
　を調べましたか？

5. 土砂災害のリスクの調べ方

土砂災害警戒区域と土砂災害特別警戒区域

　内水氾濫と外水氾濫のリスクに続き、次は土砂災害のリスクを確認していきます。日本では平均して1年間に約1100件の土砂災害が発生しています。土砂災害の危険性が特に高い場所は土砂災害警戒区域（イエローゾーン）や土砂災害特別警戒区域（レッドゾーン）として指定されており、自治体が作成する土砂災害のハザードマップなどで該当する場所を確認することができます。

　土砂災害警戒区域や土砂災害特別警戒区域に指定される場所は、土石流の可能性がある場所、地滑りの可能性がある場所、急傾斜地の崩壊の可能性がある場所です（図参照）。土砂災害警戒区域は、崖崩れや土石流などが発生した場合に生命や身体への危害が生じる恐れがあるとされる区域、土砂災害特別警戒区域は崖崩れや土石流などで建物に損壊が生じたり、生命や身体に著しい危害が及んだりする恐れがある区域となります。これらのうち、土砂災害警戒区域でも人的被害が発生したことがあります。

　土石流とは山腹や川底の石や土砂が大雨によって一気に下流に流される現象を指し、渓流沿いや河川沿いで発生します。地滑りは広範囲に渡ってゆっくりと斜面が滑る現象です。急傾斜地の崩壊とはいわゆる崖崩れのことで急な斜面が一瞬のうちに崩れ落ちるものです。図から明らかなように、土砂災害特別警戒区域はまさに土砂の直撃を受けかねないような場所にあり、通常

土石流
※山腹が崩壊して生じた土石等又は渓流の土石等が水と一体となって流下する自然現象

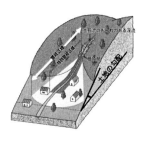

地滑り
※土地の一部が地下水等に起因して滑る自然現象又はこれに伴って移動する自然現象

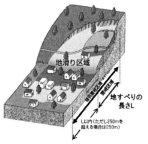

急傾斜地の崩壊
※傾斜度が30°以上である土地が崩壊する自然現象

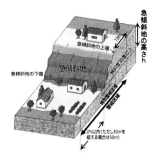

図：土砂災害警戒区域と土砂災害特別警戒区域の模式図。土石流、地滑り、急傾斜地の崩壊（崖崩れ）ごとに指定される条件が定められている。国土交通省作成の資料より引用。

の建物が土砂で崩壊してしまう可能性がより高い場所であることが見て取れます。

　自治体が発行した土砂災害のハザードマップで土砂災害警戒区域などを調べる時には、あくまで作成時点の情報である点に留意してください。追加で指定されることもあるため、念のため都道府県の砂防担当部局のホームページで最新の情報を調べておくと良いでしょう。都道府県によっては土砂災害警戒区域などの指定に向け基礎調査を行った区域も公表している場合があります。

深層崩壊のリスクがある場所の調べ方

　雨量が非常に多くなるようなケースでは、山の表面（厚さ0.5～2メートル程度）よりも深いところから斜面が崩れる現象が発生することがあります。これは深層崩壊と呼ばれる現象です。深層崩壊が発生すると大規模な土石流が起こったり、大量の土砂で川が堰き止められ天然のダムが発生したりするなど、被害は甚大なものとなります。

　深層崩壊の発生のしやすさは地形や地質などが関係するため地域的に異なっています。国土交通省はホームページ上で「深層崩壊推定頻度マップ」を

公開し、リスクが比較的
高い場所を地図上に表し
ています（図参照）。この
図では、過去に深層崩壊
が多く発生した地質や地
形に該当する場所や、比
較的規模の大きな深層崩
壊が発生した記録が残っ
ている場所などが確認で
きます。深層崩壊の推定
頻度が特に高い地域に関
しては、より詳しい情報
として渓流レベルの危険
性を示した図が作られて
います。これは「渓流レベ
ル評価マップ」と呼ばれ
ており、各地のマップは
一部地域を除いて国土交

図：国土交通省が作成した深層崩壊推定頻度マップ。国土交通省のホームページより引用。

通省の「深層崩壊に関するリスク情報」のページで閲覧できます。深層崩壊の
情報は自治体が作成する土砂災害のハザードマップでは紹介されていない場
合もあるので、リスクが高い地域の方は国が持つ情報の方も確認しておきま
しょう。

＼ チェックポイント ／

□自宅や勤務先などが土砂災害警戒区域（イエローゾーン）や土砂災害特別
　警戒区域（レッドゾーン）に該当しませんか？

□都道府県が地図情報の形で土砂災害のリスクについて公開していないか調
　べましたか？

6. 災害が起こりそうな怖い雨量の調べ方

地域によって異なる「多すぎる雨」

　ここまでは内水氾濫と外水氾濫、そして土砂災害のリスクについて調べる方法を紹介してきました。ここからは少し視点を変えて、降ってくる雨の量を切り口に地域のリスクを整理していきます。災害が発生するのは、その地域として耐えることができない雨が降ることが引き金になります。ではどの程度の雨量で災害が発生する可能性が出てくるのでしょうか？　その調べ方を見ていきましょう。

　まず本題に入る前に、災害が起こりかねない雨量には地域差があることを覚えておいてください。災害に結びつく可能性がある雨量を「多すぎる雨」、災害が起こらない雨量を「普通の雨」と表現すると、場所によって「多すぎる雨」と「普通の雨」の境目が全く異なるのです。ある場所にとって「普通の雨」に相当する雨量が別の場所では「多すぎる雨」になったり、その逆が起こったりします。このため雨量の数字だけを見て雨が多いか普通か判断するのは誤りで、あくまでその場所にとって多すぎるか普通かを考えていかなければなりません。

　極端な例で考えてみると「多すぎる雨」が場所によって異なることがイメージしやすくなるので、頭の中に日本の都市と砂漠の中の都市を思い描いてみてください。砂漠の都市では1年間にわずか数ミリの雨しか降らないものとします。この砂漠の都市に1時間に10ミリの雨が降ったらどうなるでしょうか？　日本で1時間に10ミリの雨だけが降っても「普通の雨」であり災害は起こりませんが、砂漠の都市では年間の降水量を超える極端な量の雨となるので大規模な災害につながりかねません。砂漠の都市と日本では「多すぎる雨」と「普通の雨」の境目が大きく異なるのです。

　日本国内だけを見ても雨が多い場所と雨が少ない場所では大きな開きがあります。1年間の降水量の平年値（1991年から2020年までの30年間の値で計算）で見ると雨が比較的多い場所にあたるアメダス高知では2664.4ミリ、

雨が比較的少ない場所にあたるアメダス長野では965.1ミリであり、両者の間には1700ミリ程度もの違いがあります。では1日に200ミリの雨が降る場合に「多すぎる雨」である可能性が高いのは高知でしょうか、長野でしょうか？ 印象としては長野だろうと想像できますが、これまでに観測された雨量の記録を手がかりにするとより詳しく確かめることができます。「多すぎる雨」の1つ目の調べ方として、観測史上1位から10位までの雨量を使う方法を見ていきましょう。

観測史上1位から10位までの雨量

　次の表はアメダス高知とアメダス長野で観測が開始されてから2021年の4月までに記録された日降水量や日最大1時間降水量の上位の記録を気象庁のホームページから抜粋したものです。日降水量とは0時00分から24時00分の降水量のことを指し、日最大1時間降水量は1日のうちのある1時間に降った雨の最大値を指します。それぞれ1位の値、3位の値、10位の値を掲載しましたので両地点の数字をまずは見比べてみてください。

　普段から雨が比較的多いアメダス高知の場合、日降水量の1位は628.5ミリ、3位は377.0ミリ、10位は294.5ミリとなっています（2021年4月現在。以下同じ）。一方、普段から雨が比較的少ないアメダス長野の場合、日降水

表：アメダス高知とアメダス長野の日降水量と日最大1時間降水量の上位の記録

日降水量	1位の値	3位の値	10位の値
アメダス高知	628.5ミリ	377.0ミリ	294.5ミリ
アメダス長野	132.0ミリ	114.5ミリ	95.3ミリ

日最大1時間降水量	1位の値	3位の値	10位の値
アメダス高知	129.5ミリ	102.2ミリ	90.5ミリ
アメダス長野	63.0ミリ	57.5ミリ	48.0ミリ

（気象庁のホームページより抜粋）

量1位の値は132.0ミリ、3位は114.5ミリ、10位は95.3ミリでその差は歴然です。高知では1日に約600ミリを超えるのは明らかに大雨で、約300ミリを超える段階から10位の記録を塗り替えるような事態となりますが、長野の場合は1日に降る雨の量が100ミリ前後ですでに「多すぎる雨」であることが分かります。1日に200ミリの雨を考えた場合、高知では歴代10位までの記録に達しない雨ですが、長野でこのレベルが降ったとしたら観測史上を大きく塗り替える大雨を意味することがこれらの記録から分かります。

　日最大1時間降水量の場合も同じ傾向で、高知の記録として上がっている数字の方が長野よりも全体的に大きくなっています。高知の場合は1位が129.5ミリ、3位は102.2ミリ、10位は90.5ミリであったのに対して、長野の1位は63.0ミリ、3位は57.5ミリ、10位は48.0ミリと大体半分程度です。高知では1時間に100ミリ前後の雨は「多すぎる雨」ですが、長野ではその半分の1時間に50ミリ前後の雨であっても記録を塗り替えるような「多すぎる雨」に相当します。

　このように観測史上1位から10位までの数字を調べると、どのあたりの雨量から自分の地域にとって「多すぎる雨」となるのかが見えてきます。気象庁

図：気象庁ホームページの「過去の気象データ検索」を利用することで簡単に観測記録を調べることができる。気象庁ホームページより引用。

のホームページでは観測データの統計値が揃っていますので「過去の気象データ検索」という画面を開いてみましょう（前ページの図参照）。

　「過去の気象データ検索」のページで「地点の選択」をクリックし、調べたい場所をまず選びます。最寄りのアメダスを選んでおき、「データの種類」から「地点ごとの観測史上１〜10位の値」を選択します。そうすると日降水量や日最大１時間降水量などのデータが表示されます。長野や高知の例のように、１位の値、３位の値、10位の値に注目してみてください。１位の値を知っておけば過去に経験したことがない事態が進行していることに気づくことができます。また、３位や10位の値を把握しておくことでトップ３やトップ10の記録が更新される可能性に早めに気づけます。過去にその地域で発生した大きな災害の際に観測された雨量が１位から10位までのどこかに出てくることもしばしばあります。統計の中で上位の値はその地域にとっての「多すぎる雨」であるのでぜひご自身でも確認してみてください。

災害が起こった時の雨量も見ておこう

　過去に発生した災害時の雨量を調べておくことでも、その地域にとって災害に結びつきかねない「多すぎる雨」を把握できます。例を見てみましょう。表は東京都港区で過去に発生した災害のリストです。この表には災害の年月日、気象現象の種類、１日の雨量や１時間の最大雨量に加え、床上・床下浸水が発生した世帯数や地下浸水が発生した棟数がまとめられています。

　こうした記録を見る時には大きな災害はどういった雨量の時に発生しているか、また、災害が発生し始める雨量はどの程度かに注目してください。

　大きな災害としては平成11年８月29日に発生した床上浸水191世帯・床下浸水741世帯の例と平成12年７月４日に発生した床上浸水46世帯・床下浸水229世帯の例があります。この時の時間最大雨量を見ると、前者の場合には１時間に115ミリ、後者の場合は57ミリが記録されたことが分かります。この記録から、１時間に100ミリを超える雨は港区でも大きな災害になりそうだということや、１時間に60ミリ前後であっても大規模な床下浸水が

表：地域で発生した災害記録の例。東京都港区のハザードマップより引用。

年月日	気象	雨量(mm)		床上浸水 (世帯数)	床下浸水 (世帯数)	地下浸水 (棟数)
		1日	時間最大			
平成11年8月29日	集中豪雨	125	115	191	741	35
平成12年7月3日	集中豪雨	44	43	4	59	3
平成12年7月4日	集中豪雨	61	57	46	229	37
平成14年9月6、7日	集中豪雨	167	65	1	6	0
平成16年10月9、10日	台風22号	218	67	15	5	0
平成16年10月20日	台風23号	197	47	3	14	0
平成17年9月4、5日	集中豪雨	60	57	2	3	0
平成17年9月11日	集中豪雨	73	64	4	2	1
平成21年8月10、11日	台風9号	99	52	0	1	0
平成22年9月8日	台風9号	107	78	3	0	0
平成22年12月3日	大雨	39	37	2	2	1
平成26年6月29日	集中豪雨	58	44	2	6	0

※日総雨量、時間最大雨量は、区内の計測器の最大値をとっています。
※被害状況は、区に寄せられた情報をもとに集計したものです。

発生する可能性が出てくることが分かります。その他の事例では床上浸水や床下浸水が数件から数十件の単位で発生していますが、いずれも1時間雨量の値は40ミリ前後を超えているため、そのレベルを上回る雨が降ると港区でも何かしら被害が出かねないと推定することができます。

　港区の例では1時間雨量で「普通の雨」と「多すぎる雨」の境目を推定しましたが、地域によっては1日に降った雨の量や降り始めから降り終わりまでの雨の量（積算雨量、総雨量、累積雨量などと呼ばれるもの）でも境目が見えてくる場合があります。場所によって災害が起こった時の雨量も大きく変わってきますので、ぜひ自分の地域ではどの程度かを調べてみてください。地

域の災害履歴はハザードマップの解説の中や自治体のホームページ、自治体ごとに作成される地域防災計画などで確認することができます。

排水設備の限界を超える雨

　地域にとって「多すぎる雨」の手がかりはまだあります。その1つが下水道などの排水設備がどのレベルの雨量まで対応できるように整備されているかです。対応能力を超える雨が降ってしまうと雨水が処理できず内水氾濫などが発生してしまう可能性が高まるので、排水設備の限界を知っておくことは避難の判断に役に立つのです。

　一般的には、5年から10年に1回程度の頻度で起こる規模の大雨に対応できるように下水道を整備していく形が標準とされています。下水道や排水ポンプ場の対応能力も地域差があるため、自治体のホームページで下水道関係の情報を見るか、下水の担当部局に問い合わせて確認をしておくと良いでしょう。1時間に50ミリの雨に対応できる形が一般的と言われることもありますが、雨がもともと少ない地域では1時間に30ミリ弱の降雨が前提となっているところもあります。

　極端な雨の降り方で被害が発生していることを受け、東京や大阪などの大都市を中心に排水設備の対応能力を上げていく計画が作られています。しかしそうした場合でも整備目標とする雨量は1時間に75ミリや60ミリの雨であるので、それ以上の雨が降る場合にはお手上げで被害が発生します。ハード設備が向上すれば耐えられる限度は上がるものの100パーセントの安全を保障するものではないと覚えておきましょう。

ハザードマップの想定雨量も覚えておこう

　内水氾濫や外水氾濫のシミュレーションで使われる雨量も「多すぎる雨」の目安として利用できます。ある一定規模の大雨が降ったと仮定して算出されるのが内水氾濫や外水氾濫のハザードマップです。その想定で使われる雨はまさに「災害級の雨」であるので、これを丸ごと覚えておくのです。

　内水氾濫や中小河川の外水氾濫のハザードマップの場合、1時間に集中的に降る雨の量が想定として使われたり、長時間に渡って降る雨に強雨が混ざったりするパターンの雨がシミュレーションの前提として使われます。1時間に90ミリの雨を想定して作られたハザードマップであれば、その「90ミリ」という数字を頭に入れておきます。そうすることで気象の予測や雨量に関するリアルタイムのデータの中で時間90ミリに達する可能性が見えた時にはハザードマップで想定されたような被害が発生するかもしれないとイメージして行動を取ることができるようになります。

　大河川の浸水想定区域図の場合は流域平均雨量が使われます。大河川は流域が広く雨の降り方が場所によって一様ではないことがあるので、流域全体として平均した雨量が単位となっています。ハザードマップや浸水想定区域図を開き、図の凡例などの中に浸水の想定が明記されていないか確認してみてください。計画規模と想定最大規模の2つの浸水想定区域図が作成済みである場合には両方の雨量を見てみましょう。

　東京都江戸川区を流れる荒川の例を再度取り上げると、計画規模では72時間に516ミリの流域平均雨量が降ったことが、想定最大規模では72時間

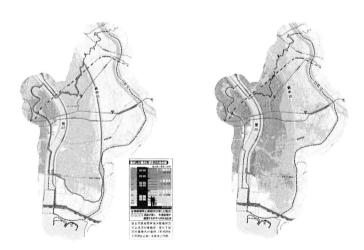

図：荒川を対象とした計画規模の浸水想定区域図（左側）と想定最大規模の浸水想定区域図（右側）の比較。東京都江戸川区のホームページより引用。

で632ミリの流域平均雨量が降ったことがそれぞれ想定として使われています。つまり3日間で500ミリ強降る場合には前ページの図左側レベルの浸水が発生する可能性があり、3日間で600ミリを超える雨が降る場合には図の右側のように区内全域が水没する可能性が出てくるわけです。

　大河川の場合、河川の水位に関する予測情報の中で今までに何ミリの流域平均雨量が降ったか、今後何ミリの流域平均雨量が見込まれるかが発表されます。想定の根拠が頭に入っていると、伝えられた数字が持つ怖さが実感できます。例えば荒川流域でこれまでに450ミリ降っていて、さらに100ミリ降る可能性があると予測された時にどう評価しますか？ 計画規模に基づいた浸水想定区域図では流域平均雨量516ミリを想定として作られていたので、少なくともそのレベルの氾濫が起こりかねないと判断して対応すべきでしょう。大雨の際に流域平均雨量を把握する方法は第3部で詳しく説明しますので、ここでは浸水想定区域図の想定雨量を確認することの重要性を理解しておいてください。

　ここまで統計的な雨量や災害が発生した時の雨量、排水設備で対応できる雨量、ハザードマップや浸水想定区域図で使われている雨量などを見てきました。こうした資料を通じて「このぐらいの雨が降ると危ない」という大雨の肌感覚を身につけておきましょう。

＼ チェックポイント ／

□気象庁のホームページを見て日降水量と日最大1時間降水の1位の値、3位の値、10位の値を確認しましたか？

□過去に発生した災害時の雨量を複数件確認しましたか？

□排水設備の雨量について確認しましたか？

□ハザードマップや浸水想定区域図の想定で使われた雨量はチェックしましたか？

□地域にとって「普通の量の雨」と「多すぎる量の雨」の境目は見えてきましたか？

7. 災害は影響で考えること

自分の身に何が起こりうるのか

　ハザードマップなどを使ってリスクを調べ、大雨をもたらす雨量について
も確認ができた段階で最後に行ってもらいたいことは、調べた情報を使って
自分がどのような影響を受けるかイメージを膨らませておくことです。同じ
2メートルの浸水が発生しても戸建て住宅やマンションでは影響が異なりま
すし、戸建て住宅でも平屋建てなのか2階以上に避難できるかによって影響
や対策が変化してきます。どのような影響が出るのか具体的に思い描いてお
けばおくほど事前の対策や避難の必要性が見えてきますので、影響について
ここから詳しく確認しておきましょう。

床下浸水レベルの影響

　氾濫した水の高さが道路から50センチ未満の場合は床下浸水のレベルで
す。しかし、冠水が発生している時には排水設備や下水道、浄化槽も浸水し
ているため戸建て・マンションともにトイレは流せません。戸建ての住宅で
は床下に汚泥が流れ込むので、水が引いてから清掃や消毒の作業が必要とな
ります。

　マンションで地下の駐車場がある場合には床下浸水レベルであっても水が
流れ込み、地下に設置された電気設備が浸水して停電する可能性が出てきま
す。電気が使えなくなればエレベーターも使用不能となるほか、上層階にポ
ンプで水を送る仕組みの場合には水が使えなくなるなど影響が拡大します。
過去の災害では電気設備が内水氾濫によって水没してしまったために、電力
の復旧には約1週間、給排水設備の復旧には約2週間を要した例もあったほ
どです。比較的浸水深が浅い状況でもマンションの構造によっては大きな影
響が出かねない点には留意しておきましょう。

　50センチ未満の浸水が発生している段階から車での移動や徒歩での移動
が困難になります。救急車等の緊急車両も含めて駆けつけることができませ

ん。浸水している間は食料などの調達も難しくなるので戸建て住宅だけではなくマンションでも非常食をあらかじめ準備しておくことが必要です。

床上浸水レベルの影響

　道路からの浸水の深さが50センチを上回ってくると戸建て住宅やマンションでも床上浸水が発生し、影響はさらに甚大なものになります。

　1階に泥水が入ってきたと想像してみてください。床や畳はもちろん、壁や障子、壁の内部にある断熱材も水をたっぷりと吸って取り替える必要が出てきます。家具は浮き上がって倒れ、家の中はまるで大きな地震が起こった後のように物が散乱することでしょう。エアコンやテレビ、冷蔵庫や洗濯機なども水没し使用不能となります。

　電気のコンセントの高さは道路から70センチ程度であるため、床上浸水が発生するような場合には戸建て住宅でも停電が発生する可能性が出てきます。電話のモジュラージャックも水没し、固定電話も使えなくなります。キッチンや浴槽、トイレ、洗面台などもそのままでは使えない状況となるでしょう。

　浸水深が1メートルを超えれば電気設備が地上に設置されているマンションでも停電する可能性が出てきます。1メートル以上では都市ガスのマイコンメーターも水没するため、戸建て住宅やマンションのガスの供給も止まります。プロパンガスの場合でも浸水深が1.4メートル以上となると制御装置が水没するため使用ができなくなると考えられています。

上層階が水没する深さ

　建物の1階と2階の境目は道路から約3メートル程度です。このためハザードマップで浸水の深さが3メートル以上と想定されている場所では、2階以上への避難が困難な場合や平屋建ての場合には家にいると命を落としかねない状況になりかねません。浸水深が3メートルを超えると建物の2階部分で、5メートルを超えると建物の3階部分で家具や家財、壁などへの被害

が発生します。浸水深が10メートルであれば4階の軒下まで浸水するような状況です。想定最大規模の浸水想定区域図を確認することで、最悪のケースとして何メートル程度の浸水が発生するか改めて確認しておきましょう。

木造住宅が水で流される時

床下浸水や床上浸水が発生するだけでも被害は大きいですが、さらに深刻なのは押し寄せた水によって住宅が家ごと流されてしまったり、倒壊してしまったりすることです。水の流れが早く、住宅街が川の一部になるような時にこうしたことが発生する可能性が出てきます。中小河川のリスクのところで触れましたが、山間部を流れる中小河川沿いの谷底平野は要注意です。

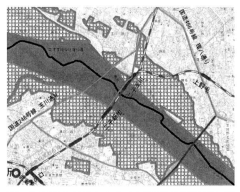

図：多摩川を対象とした家屋倒壊等氾濫想定区域図（氾濫流）から抜粋したもの。メッシュがかけられた地域では氾濫が発生すると木造住宅等が倒壊する可能性がある。国土交通省のホームページより引用。

大河川や一部中小河川では木造住宅が倒壊してしまう可能性がある場所をシミュレーションし、地図の形で示している場合があります。河川管理者（国土交通省や都道府県）のホームページで「家屋倒壊等氾濫想定区域図（氾濫流）」と名付けられた図面が公開されていないか確認してみてください。その図面では、氾濫した水によって木造住宅が流される可能性がある場所にメッシュが入れられます（図参照）。該当する場合には自宅で避難することは危険を伴うため、非木造の堅牢な建物への移動や区域外への避難が必要となってきます。

非木造の住宅も危険になる場合

家や建物が流される可能性があるのは氾濫した水によるものだけではあり

ません。水位が上がった時に河岸が削られ建物ごと崩壊してしまうケースもあります。そうした場合には木造住宅だけではなく非木造の住宅も含めて被害が発生します。

河岸が侵食されることで建物への被害が予測されるか否かは河川管理者のホームページから「家屋倒壊等氾濫想定区域図（河岸侵食）」を見て調べてみましょう。この情報は大河川や一部の中小河川に特化したシミュレー

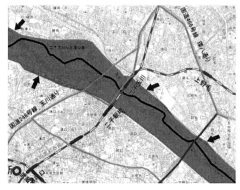

図：多摩川を対象とした家屋倒壊等氾濫想定区域図（河岸侵食）から抜粋したもの。川沿いで塗りつぶされた区間（矢印で示した部分。筆者加筆）では河岸が侵食されて建物が地面ごと流される可能性がある。国土交通省のホームページより引用。

ションの情報で、想定最大規模の降雨を前提としています。河岸侵食のリスクがある場所は塗りつぶした形で表示されます（図参照）。該当する場合は家に避難すると危険が及びかねないため、該当エリア外への避難が必要となってきます。

長期間浸水するケースに注意

浸水の影響を考える際にはどの程度の期間に渡って浸水が継続する可能性があるかも見ておきましょう。短時間で浸水が解消する場所か、それとも長時間に渡って浸水が継続する場所かによって水や非常食の備蓄量やトイレ対策なども変わってきます。

影響時間が長くなる可能性がある地形は、溢れた水の行き場がない場所です。例えば川と川が合流するような場所では2つの堤防に囲まれているので水の逃げ場がなく、浸水深も深くなる上に排水にも時間を要します。自然堤防の後ろ側や旧河道等の周辺に分布する後背湿地でも水が深くなり、浸水が継続する時間は長くなりがちな地形だと言われています。その他、標高が海

抜面以下の場所では自然排水ができないため、浸水の解消には非常に長い時間を要する可能性があります。

　大河川や一部の中小河川では浸水の影響時間をより具体的に把握することができます。想定最大規模の降雨を前提として作成した「浸水想定区域図（浸水継続時間）」という図面が河川管理者のページで公開されていないか確認してみましょう。この図は氾濫が発生した時に道路から50セ

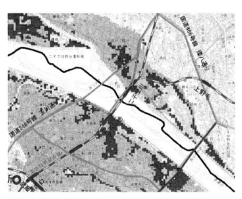

図：多摩川を対象とした浸水想定区域図（浸水継続時間）から抜粋したもの。この図の地域だけでも、浸水継続時間が12時間のところ、24時間のところ、72時間のところに分かれている。国土交通省のホームページより引用。

ンチ以上の浸水が最大でどの程度継続するかを示すものです。同じ河川であっても地形の細かな違いから浸水が続く時間は変化してきます。長い場合には1週間や2週間、さらには4週間という想定が出ている場合もあるので一度確認してみてください。50センチ以上の状態があまりにも長く続く可能性がある場所では、想定最大規模レベルの大きな災害が起こりそうな時には別の場所へ避難しておくことが推奨されます。

　「浸水想定区域図（浸水継続時間）」は「最大で何時間」という視点からの情報ですが、先に紹介した国土交通省の「浸水ナビ」を利用すれば個別の破堤点（決壊場所）ごとに浸水が継続する時間を確認することもできます。

＼ チェックポイント ／

□自宅が浸水した時や自宅周辺が浸水した時に何が起こる可能性があるかイメージできましたか？

□河川管理者のホームページで「家屋倒壊等氾濫想定区域図（氾濫流）」と「家屋倒壊等氾濫想定区域図（河岸侵食）」を調べ、家屋が流される可能性を

把握しましたか？

□河川管理者のホームページで公開される「浸水想定区域図（浸水継続時間）」を使って浸水がどの程度の時間継続する可能性があるか確認しましたか？

A案・B案シートの①に記入してみよう

　第1部では、内水氾濫や外水氾濫、土砂災害のリスクについて様々な角度から調べる方法をまとめてきました。これまで学んできたリスクに関する情報の見方や影響に関する知識を利用して、A案・B案シートの「①直面する可能性がある重大な災害とその影響」を埋めていきます。

　何を持って重大な災害と考えるかですが、例えばご自身や家族等を含め人的被害が発生する可能性がある災害や、人的被害が発生する可能性は低くても日常生活の継続に著しい影響を与える可能性がある災害などを挙げておくと良いでしょう。自宅や周辺が何メートル程度浸水するか、それがどの程度の時間継続するか、住宅が流される可能性がないかなども情報があれば記載しておきます。

　大河川や一部の中小河川の場合で計画規模と想定最大規模の浸水想定区域図が公開されている場合には、想定で使われた雨量と予測される浸水深の両方をまとめておいてください（記載例参照）。自宅や自宅周辺が土砂災害警戒区域（イエローゾーン）や土砂災害特別警戒区域（レッドゾーン）に指定されている場合はその旨も記載しておきましょう。

避難行動の
A案・B案
検討シート

①直面する可能性がある重大な災害とその影響

【この部分を検討】

②理想的な行動計画と所要時間（A案）

⑤A案実施の手がかりとする情報

A案

③A案の阻害要因

⑥切り替えの手がかりとなる情報

切り替え
ポイント

④非常中の非常プラン（B案）

B案

【記載例】

・ハザードマップがないので詳しい想定はないものの、地形の関係から○○川が氾濫すると家が水没する可能性がある

・計画規模レベルの降雨（流域平均雨量が○時間で○ミリ）で○○川が氾濫すると自宅周辺では○メートル浸水し、床上浸水が発生する

・想定最大規模レベルの降雨（流域平均雨量が○時間で○ミリ）では自宅周辺の浸水深は○メートルになる予想。住宅が流されてしまう想定にはあてはまらないが浸水が継続する時間は○時間であり自宅でやり過ごすのは困難

・浸水が発生した時には浸水深の関係から電気やガス、トイレは使用不可になる見込み

・大雨の際には裏山の崖も崩れる可能性がある。自宅や自宅周辺は建物や身体に著しい危害が及ぶとされる土砂災害特別警戒区域（レッドゾーン）に指定されている

A案とB案で考える
避難行動

1. 第２部の目的と構成

第２部で取り組むこと

　第２部ではここまで行ってきたリスクの分析を踏まえて避難行動に関する計画を立てていきます。本書ではより実践的な避難計画の策定のために、Ａ案とＢ案という複数案を持つ方法を採用します。Ａ案は理想的な避難行動、Ｂ案はそれが状況的に実現不可能となった時に行う非常中の非常プランです。

　避難の計画を１つだけに絞ってしまうと状況の悪化にうまく対応ができません。周囲が危険となっているにもかかわらず無理をして避難先へ移動しようとしてしまい、命を失う例も過去の災害で繰り返されています。また、第３部で詳しく説明しますが、気象情報や防災情報も大きく見ると事前の情報とすでに災害が起こっていてもおかしくないことを示すいわば事後の情報があるので、避難の計画自体も事前用のＡ案と事後用のＢ案に分けておいた方が情報との対応がよくなります。

　第２部ではＡ案を検討したのちに、Ｂ案の検討へと移ります。また、Ａ案からＢ案に切り替えるべき状況とはどういったものかについても理解を深めます。それでは早速見ていきましょう。

2. 理想的な避難行動としてのＡ案とその阻害要因

避難とは何か？

　「避難」という言葉は防災対策の中で様々な使われ方をするために、かえって分かりづらくなっているのかもしれません。例えば「垂直避難」、「水平避難」、「広域避難」、「屋内避難」、「立ち退き避難」といったものが自治体や国が作成する文書や防災啓発冊子などで出てくるのですが、それぞれの正確な意味や違いを理解するのは一苦労です。このため本書ではそうした言葉に囚われず、第１部でまとめた災害リスクやそれに起因する影響を避けるためにすべきことを中心に考えていく方法をとります。

　避難とは文字通り「難を逃れること」です。自宅で難が逃れられるのであればその場にとどまってやり過ごすという籠城作戦が選択肢になるでしょう。自宅にいても危険が及んだり、浸水によって長期的な影響が見込まれたりする場合にはその場から離れて安全を確保するのが難を逃れる策となります。

　自宅で台風や豪雨をやり過ごすことができるのは、災害に巻き込まれる可能性がそもそも低い場合や、浸水が仮に発生しても自宅の２階以上に逃げることで命に危険が及ばない場合などです。ただし、自宅に籠城することを選ぶ場合には、水や食料の備蓄やトイレ対策など十分な準備が欠かせません。籠城している時には行政等によるサポートは一切届かないものと割り切っておきましょう。自治体は避難所等の対応だけでおそらく手一杯になります。最低限の用意は自分で行っておくことが重要です。

　別の安全な場所へあらかじめ移動しておく必要があるのは自宅にいると命が危なくなるケースです。平屋建てであったり、体が不自由で上層階に移動できなかったりする場合に床上浸水以上のものが発生すると生死に関わりかねません。氾濫した水によって木造住宅が流されてしまう可能性がある場所、河岸が削られて基礎ごと川に流されてしまう可能性がある場所、個人の備えでは対応できないほど浸水の影響が長引くと予想されている場所などでもより安全なところにあらかじめ避難しておくことが必要となります。土砂災害警戒区域（イエローゾーン）や土砂災害特別警戒区域（レッドゾーン）に指定されているところも自宅外の避難が原則です。

　ご自身の場合、災害リスクや影響を鑑みてどの方法を取るべきか考えてみてください。ここで検討した結果があなたにとって理想的な避難行動にあたるＡ案となります。避難先については自治体が開設する避難所だけではなく、親戚・知人宅、ホテルや宿泊施設等も含めて考えておきましょう。

Ａ案に必要なリードタイム

　Ａ案として自宅以外の避難先へ移動することを選択する場合には、避難の完了までに必要な時間的猶予（リードタイム）を必ず確認してください。避難

完了に必要な時間というと避難先までの移動時間が頭に浮かぶかもしれませんが、実際はそれだけではありません。情報を集めること、それをもとに検討すること、避難先で使う物を用意すること、食事や入浴なども含めて身支度を整えることなどが続き、その上で移動する時間がかかります。移動もスムーズにいくとは限らず、道路が冠水していたり、橋や道路も避難者が殺到することで渋滞していたりして普段よりも時間がかかる可能性もあります。

これらのことを細かく念頭に置いた上でA案に必要なリードタイムを割り出しておきます。すべてがうまくいくとも限らないのである程度時間的な余裕も持たせておくと良いでしょう。第3部ではここで確認したリードタイムが確保できるように気象情報を選んでいくことになります。

自宅で災害をやり過ごす方法を取る場合には、食糧や水などの準備を含めてその体制が整うまでに必要な時間をリードタイムとして考えておくと良いでしょう。水没しないところに車などを移動しなければならないと考えている場合には、その作業にあてるための時間も見積もっておきます。

何があなたのA案を妨げるか

避難先への移動を伴う計画を立てた場合は、何がその実施を阻害するか明らかにしておきましょう。例えば暗くなった時や公共交通機関が止まってしまった時に避難ができないのであれば、明るいうちや鉄道などが動いている間に避難を済ませておく必要があります。

また、避難先が近い場合であっても雨や風の他、道路が冠水していることなどが避難の妨げになりかねません。しかし具体的にどの程度の雨が降ったり風が吹いたりすると移動が困難になるのでしょうか？ 道路もどの程度の深さで冠水すると避難ができないのでしょうか？

ここからはA案を阻害する要因としての雨、風、そして冠水による影響を詳しく見ていきます。雨の場合は1時間に何ミリ、風の場合は毎秒何メートル程度になったら避難は難しくなるものだと数字で確認していきましょう。第3部で触れますが、雨や風に関する注意報や警報の情報では今後見込まれ

る雨量や風速が数値として具体的に伝えられるので、その数値を見て避難が可能なタイミング等を判断できるようにするための下準備をこれから行なっていきます。

雨が強く降る時と避難

　雨で避難が難しくなることをイメージする際には、気象庁が作成した「雨の強さと降り方」という資料が役立ちます（表参照）。これは1時間雨量を5段階に分類してテレビの気象ニュースなどでお馴染みの「やや強い雨」「強い雨」「激しい雨」「非常に激しい雨」「猛烈な雨」に分け、それぞれの段階で人や道路などへどのような影響があるかをまとめた資料です。

表：気象庁作成の「雨の強さと降り方」の対応表。気象庁ホームページより引用。

雨の強さと降り方
（平成12年8月作成）、（平成14年1月一部改正）、（平成29年3月一部改正）、（平成29年9月一部改正）

1時間雨量 (mm)	予報用語	人の受けるイメージ	人への影響	屋内 (木造住宅を想定)	屋外の様子	車に乗っていて
10以上〜 20未満	やや強い雨	ザーザーと降る	地面からの跳ね返りで足元がぬれる	雨の音で話し声が良く聞き取れない	地面一面に水たまりができる	
20以上〜 30未満	強い雨	どしゃ降り				ワイパーを速くしても見づらい
30以上〜 50未満	激しい雨	バケツをひっくり返したように降る	傘をさしていてもぬれる	寝ている人の半数くらいが雨に気がつく	道路が川のようになる	高速走行時、車輪と路面の間に水膜が生じブレーキが効かなくなる（ハイドロプレーニング現象）
50以上〜 80未満	非常に激しい雨	滝のように降る（ゴーゴーと降り続く）	傘は全く役に立たなくなる		水しぶきであたり一面が白っぽくなり、視界が悪くなる	車の運転は危険
80以上〜	猛烈な雨	息苦しくなるような圧迫感がある。恐怖を感ずる				

　「やや強い雨」は1時間に10ミリ以上20ミリ未満の「ザーザーと降る」雨です。地面からの跳ね返りで足元が濡れる状態ではありますが、雨がまったく降っていない時からこのレベルまでであれば遠方への避難も可能だと考えられます。

　1時間に20ミリ以上30ミリ未満の雨は「強い雨」です。「土砂降り」と形容される雨で、傘をさしていても濡れて、ワイパーを使っても前が見づらい

状態です。30ミリ以上50ミリ未満の雨は「激しい雨」と呼ばれるもので、「バケツをひっくり返したように降る」レベルとされています。30ミリ以上50ミリ未満の雨でも下水道などで処理できる雨量を超える地域があるので道路が川のようになりかねません。スピードを出して車を運転している時にはブレーキが効かない現象が発生する可能性も指摘されています。「強い雨」や「激しい雨」が降るような時の避難はすでに危険を伴いかねない状況です。

　ここまでをまとめると、問題なく避難ができるのは雨が降っていない時や降っていても1時間に10ミリ未満の雨の時です。20ミリ未満でも避難はおそらく可能ですが、それ以上に増えてくると土砂降りであるので移動が難しくなり始めると覚えておいてください。1時間に30ミリや50ミリを超えるような時は道路も冠水する可能性が出てきます。50ミリ以上80ミリ未満の「非常に激しい雨」や80ミリ以上の「猛烈な雨」が降ると、降っている雨の影響が大きいことはもちろんですが道路冠水なども拡大していくため遠方に避難するのはもはや困難です。

風が強く吹く時と避難

　続いて風による避難への影響です。気象庁が「風の強さと吹き方」という資料を公開し風速と影響の関係をまとめていますので、まずはそれを見てみましょう（表参照）。

　風の場合は平均風速に応じて「やや強い風」「強い風」「非常に強い風」「猛烈な風」という4段階が設定されています。平均風速というのは10分間の間に吹く風を平均した速さです。表の右端に「おおよその瞬間風速」が出てきますが、瞬間風速の方は3秒間の風の速さを平均したものを指し、その最大値が最大瞬間風速です。一般的には最大瞬間風速は平均風速の1.5倍から3倍以上になることもあると言われています。

　では、遠方へ避難する際などの場面で、どの程度の平均風速から影響が見込まれるでしょうか？　風に向かって歩けなくなり、転倒する人も出る可能性があるのが毎秒15メートルから毎秒20メートルの「強い風」です。なお、平

表：気象庁作成の「風の強さと吹き方」の対応表。気象庁ホームページより引用。

風の強さ（予報用語）	平均風速（m/s）	おおよその時速	速さの目安	人への影響	屋外・樹木の様子	走行中の車	建造物	おおよその瞬間風速（m/s）
やや強い風	10以上15未満	～50km	一般道路の自動車	風に向かって歩きにくくなる。傘がさせない。	樹木全体が揺れ始める。電線が揺れ始める。	道路の吹流しの角度が水平になり、高速運転中では横風に流される感覚を受ける。	樋（とい）が揺れ始める。	20
強い風	15以上20未満	～70km		風に向かって歩けなくなり、転倒する人も出る。高所での作業はきわめて危険。	電線が鳴り始める。看板やトタン板が外れ始める。	高速運転中では、横風に流される感覚が大きくなる。	屋根瓦・屋根葺材がはがれるものがある。雨戸やシャッターが揺れる。	30
非常に強い風	20以上25未満	～90km	高速道路の自動車	何かにつかまっていないと立っていられない。飛来物によって負傷するおそれがある。	細い木の幹が折れたり、根の張っていない木が倒れ始める。看板が落下・飛散する。道路標識が傾く。	通常の速度で運転するのが困難になる。	屋根瓦・屋根葺材が飛散するものがある。固定されていないプレハブ小屋が移動、転倒する。ビニールハウスのフィルム（被覆材）が広範囲に破れる。	40
	25以上30未満	～110km						
猛烈な風	30以上35未満	～125km	特急電車	屋外での行動は極めて危険。	多くの樹木が倒れる。電柱や街灯で倒れるものがある。ブロック壁で倒壊するものがある。	走行中のトラックが横転する。	固定の不十分な金属屋根の葺材がめくれる。養生の不十分な仮設足場が崩落する。	50
	35以上40未満	～140km					外装材が広範囲にわたって飛散し、下地材が露出するものがある。	60
	40以上	140km～					住家で倒壊するものがある。鉄骨構造物で変形するものがある。	

均風速で毎秒15メートル以上の風が吹くところは台風では強風域に相当します。

　これがさらに平均風速で毎秒20メートル以上の「非常に強い風」になると、人は何かにつかまっていないと立っていることすらできず、さらに飛んでくる物によって怪我をしてしまう可能性があります。車に乗っていても通常の速度で運転するのは困難となり、木が倒れたりする可能性も指摘されています。また、看板が落下したり、屋根瓦などが飛んで来たりする恐れもあるのがこのレベルの風です。台風の暴風域は平均風速で毎秒25メートル以上が見込まれるところであるため、暴風域に入る前から避難が困難になりかねない点に注意してください。

　平均風速が毎秒30メートル以上の「猛烈な風」の段階ではすでに屋外での行動は極めて危険で、走行中のトラックも倒れるレベルです。平均風速で毎秒35メートル以上ともなると、多くの樹木に加えて電柱や街灯、ブロック塀も倒れる物が出てきます。こうした風が予想されるような時には風による停電の発生を念頭に置いておくと良いでしょう。房総半島を中心として大規模な停電をもたらした令和元年の台風15号（令和元年房総半島台風）では、千

葉県千葉市で毎秒35.9メートルの最大風速（平均風速の最大値）と、毎秒57.5メートルの最大瞬間風速を観測しています。

　風速についてまとめると、平均風速で毎秒15メートルを超える「強い風」あたりから避難が難しくなり、平均風速で毎秒20メートル以上の「非常に強い風」の中では避難に危険が伴うと言うことができます。強風や暴風に雨が混じる場合は受ける印象や外の様子も異なってくるため、雨や風が強まるとの予測がある場合には早めに移動を完了させておくことが基本となります。

道路冠水の中での避難？

　ここまでは雨と風を中心に避難への影響を見てきました。実際に避難する時には避難先までのルートの状況も問題となってきます。道路冠水には浅いものから深いものまでありますが、徒歩や車で避難する際にはどの程度の浸水から影響が及ぶと考えられているのでしょうか？　徒歩と車のケースをそれぞれ見ていきます。

　徒歩での避難に関してよく言われることは、大人の膝程度の水深（50センチ程度）であっても避難は困難ということと、子どもや高齢者などの場合は最大30センチ程度でも移動ができなくなるということです。こうした水深より低くても水が勢いよく流れている場合であれば足をすくわれて流されかねません。また、道路の端にある水路などが濁った水の影響で見えなければ落ちてしまう可能性もあります。やむをえず水の中を移動する時には棒状の物を利用して足元の安全を確認するなどの対策が必要です。

　徒歩が難しくなる浸水深では車での移動も危険です。水深が30センチに達すると車のエンジンに水が入り50センチで車が浮いたような状態になると言われています。さらに70センチになれば水圧でドアが開かなくなります。車内に流れ込んだ水で死亡事故も起こるので、アンダーパスなど水が溜まっているところに無理やり進むのは危険な行為です。

　避難のためとはいえ水の中を車で進むことはリスクの高い行動でしょう。実際の水深がどうなっているかは車の中から見ても判別がつきません。また、

冠水した道では道路と水路などの境も区別がつかないため運転を誤って浸水深が深いところに転落してしまう可能性もあります。道路冠水や内水氾濫が起こっているような状況下では遠方への避難はすでに困難であると判断しましょう。

\\ **チェックポイント** //
□予想される災害やその影響を踏まえてA案として自宅での避難を選択しますか？　それとも自宅以外への避難を選択する必要がありますか？
□A案を実施するために確保したいリードタイムは何時間と想定しますか？
□A案の実施を妨げる可能性があることとしてあなたの場合はどのような要素が考えられますか？

3. 代替措置としてのB案

B案で考えておくべきこと

　雨や風、道路冠水などの理由によって遠方への安全な避難が困難になった時にはA案ではなくB案で対応しなければなりません。B案は非常中の非常プランであり、例えるならば車に備え付けられたエアバッグのようなものです。事故の衝撃を何とか減らし命だけは守っていくのがエアバッグの役割であるように、すでに災害に巻き込まれつつある中で命を失う可能性を少しでも減らすのがB案です。

　内水氾濫や外水氾濫に対するB案は、浸水を免れることができる高さをいかに確保するかです。逃げ遅れた時に建物の2階部分でも浸水する可能性があるならば、屋根や屋上などさらに高いところを目指さなければなりません。「そんなことまでする必要があるわけがない」とは思わないでください。緊急時に脚立を使い建物の屋上へ避難し救助を待った例は平成30年7月豪雨（西日本豪雨）の際でも見られたことです。大河川沿いでは想定最大規模の浸水想定区域図で確認した浸水深が実際に発生したと仮定して、逃げ遅れた時

に何ができるかをＢ案として考えておきましょう。高いところへ向かう方法や梯子などの道具も含めて検討しておけばいざという時に慌てなくて済みます。

　自宅の屋根や屋上でも危険が想定される場合や、氾濫した水によって自宅が流される可能性がある場合には、水の流れに耐えうると考えられる堅牢な建物で高さも確保できるところに身を寄せるのがＢ案になるはずです。もし河岸が侵食されて家や建物が土台ごと崩壊する可能性があればその場所から移動して距離を取りましょう。

　自治体によっては民間が所有する３階建以上の建物の所有者と協定を結び一時的な避難場所として住民に利用を呼びかけているところもあります。国土交通省も高速道路など高台にある道路を避難先として整備していく方針を打ち出しています。Ｂ案で身を寄せることができる場所については自治体が発行するハザードマップなども参考にして選んでおきます。

　土砂災害に対するＢ案の場合は、崖崩れと土石流で対応が異なります。崖崩れの場合は崖側の部屋が特に危ないため、崖と反対側にある２階以上の部屋へ避難します。１階は土砂が流れ込む可能性があるので危険です。土石流の場合は２階にいても家ごと全壊する恐れがあるため、レッドゾーンやイエローゾーンから離れるか、近くの堅牢な建物の上層階や小高い丘などへの移動しておくことが基本です。大量の土砂が流れてきても身の安全を確保できそうなＢ案用の避難先を決めておき、そこまでの距離や移動時間を含めて確認しておいてください。

　自宅に避難することがＡ案である場合にはＢ案は不要と思われるかもしれません。しかしハザードマップで想定された以上のことが起こる可能性は捨てきれないため、想定以上の規模に災害が拡大しつつある時に何をすべきかをＢ案として持っておかれるとより安心です。

　災害は急に発生することもあるので、Ｂ案は５分や10分単位というごく短時間で行うことができる行動を検討しておきましょう。事故があった時にエアバッグがゆっくり作動すると意味をなさないのと同じです。危なくなる兆

候を得たらすぐに行動して短時間のうちに少しでもリスクを減らしていく方法が B 案です。

╲ **チェックポイント** ╱

☐ B 案としてどのような行動を取りますか？

☐ B 案はごく短時間のうちに対応できるものとなっていますか？

ワーク 2　A案・B案シートの②・③・④に記入してみよう

　第2部では避難行動をA案とB案に分けて整理してきました。第1部のワーク1では「①直面する可能性がある重大な災害とその影響」についてまとめましたので、その災害に対して取るべきA案の行動を「②理想的な行動計画と所要時間（A案）」に記入しましょう。

　「③A案の阻害要因」のところにはA案が取れない状況を書き込んでおきます。本文中ではまとまった雨や強く吹く風、道路冠水などを例示しましたが、内水氾濫や外水氾濫によって自宅や敷地内に水が流れ込んできたという状況や、土砂災害の前兆現象に気づいたというのもA案を阻害する要因の1つです。

　「④非常中の非常プラン（B案）」にはA案が状況的に実施不可能となった時に取るべきB案の行動をまとめておきます。

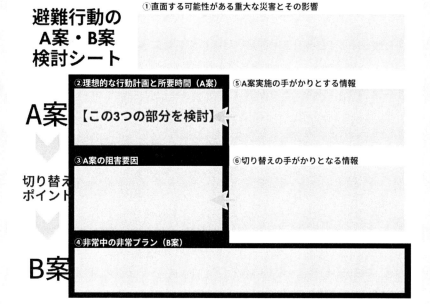

避難行動の
A案・B案
検討シート

① 直面する可能性がある重大な災害とその影響

A案

切り替え
ポイント

② 理想的な行動計画と所要時間（A案）

【この3つの部分を検討】

⑤ A案実施の手がかりとする情報

③ A案の阻害要因

⑥ 切り替えの手がかりとなる情報

④ 非常中の非常プラン（B案）

B案

【記載例】

②理想的な行動計画と所要時間（A案）
・○○川の氾濫が起こりそうな場合には○○へ徒歩で避難。準備や移動を含めて○時間程度必要
・市内全域が水没する可能性がある場合には○○へ電車を使って避難。前日の段階で行動しておきたい
・土石流が起こりそうな可能性がある時には○○へ車で避難。準備や移動を含めて○分で対応可能

③A案の阻害要因
・外に出るのは危ないと感じるほど強く雨が降ったり、風が吹いたりしている場合
・道路冠水によって徒歩や車での移動が困難な場合
・○○川が今にも氾濫しそうな場合
・氾濫がすでに発生して水が自宅や敷地内に流れ込んできた場合
・裏の崖にひび割れができており、かつ大雨などで遠方への避難が難しい場合
・大きな災害が今にも発生しそうな時

④非常中の非常プラン（B案）
・浸水を免れるため自宅2階へ移動
・○○にある○○を利用して屋根へと避難
・○分以内に堅牢な建物である近所の○○へ移動
・崖と反対側にある2階以上の部屋へ避難

第 3 部

避難に情報をあてはめる

1. 第3部の目的と構成

第3部で取り組むこと

　第1部では災害リスクについて把握し、第2部では避難について考えを深めてきました。この第3部では様々な気象情報を使ってA案実施のタイミングやB案に切り替えるべきタイミングを整理していきます。同じA案向けの情報といっても発表されるタイミングや情報の性質が少しずつ異なるため、以下の3つの段階があることをまずは理解してください。

　1つ目は大雨となる数日前から1日程度前の段階で災害の可能性を示唆するものです。大規模な水害や土砂災害の発生に至りそうな大雨が見込まれる際には、きな臭い状況を示す漠然とした情報が伝えられます。例えば「東日本では週末にかけて大雨」といったようなものです。大雨が降る場所や大雨となるタイミング、見込まれる雨量や河川・土砂などへの影響といったことはピンポイントではないものの、状況的にどこかで何かが起こりうることを伝える予測情報です。

　2つ目はいつ頃・どこで・どの程度の雨が降り、何の影響が出るかがある程度見えてくる段階の情報です。よりピンポイントな情報とも言えるでしょう。この段階になると「○○市ではこの先○時から○時にかけて1時間に最大で○ミリの雨が降り、低い土地の浸水や河川の氾濫に注意」といった詳細が分かるようになります。こうした情報をうまく使えばA案を終えておくべきタイミングが判断できます。

　3つ目は目先数時間以内に災害発生が避けられない可能性があることを示す段階です。こうした情報には、「大雨によって河川の水位が上がりいつ氾濫してもおかしくない水位に達した」といったものや、「過去にその地域で大きな災害が発生した時と同じような状況に間も無く至りそうだ」というものがあります。このような切迫性を伝える情報はA案実施の最後のタイミングを示すものとして利用していくことができるはずです。

　台風や低気圧、停滞する前線などによって大雨となるケースでは概ねこの

３つの段階を経ていきます。しかしいわゆるゲリラ豪雨のように場所を特定しての事前の予測が難しい時には、情報が出た時には災害発生の直前ということもあります。Ａ案として利用できる情報が常に早い段階から提供されるわけではないことに留意してください。

　Ａ案からＢ案への切り替えは、Ａ案の実施を妨げるような状況がすでに発生していることを示す情報が判断根拠となるでしょう。第３部では、内水氾濫で遠方への避難が困難になっている可能性を示す情報、中小河川や大河川がすでに氾濫している可能性を示す情報、土砂災害が起こっていてもおかしくない状況を示す情報、災害級の雨が降っていることを示す情報などを取り上げていきます。

　第３部の構成としては、まずは災害の可能性を示す第一報を先に扱います。その後は内水氾濫、中小河川の外水氾濫、大河川の外水氾濫、土砂災害、強風や暴風の順で情報の意味や使い方を紹介する形を取り、さらに補足として気象レーダーや雨量のデータから読み取ることができる危険な雨の降り方にも言及します。そして最後の部分のワーク３のところでＡ案実施やＡ案からＢ案へ切り替える時の手がかりとなる情報を選んでいきます。

2. 災害発生のきな臭さを伝える第一報

この段階の情報の特徴と使い方

　災害が起こる数日前から１日程度前の段階でピンポイントかつ正確に影響が出る場所や時間帯などが分かれば良いのですが、現在の気象予測の技術ではそこまでは不可能です。その代わり、「だいたいこのエリアで○○の規模のことが起こるかもしれない」という大まかなことが伝えられます。第一報の中で自分が住んでいる地方や地域で大雨などの可能性が言及された時にはアンテナを高く張り、第二報、第三報にあたる情報の入手に努めていくようにしましょう。災害が予想される時間帯に近づけば近づくほどよりはっきりした予測になっていきます。

第一報から災害の兆候を掴んでおくことの最大のメリットは何でしょうか？　それは何といっても準備や避難に充てる時間が確保できることにあります。安全なうちに被害の軽減措置を取っておいたり、A案実施やA案実施に向けた準備をスタートしたりすることができるはずです。

　ここからは第一報として分類できる情報として、ニュース記事などの中に現れる情報、気象庁などの記者発表、雨量の予測情報、気象庁の早期注意情報を取り上げます。

ソーシャルメディアや記事に見られる第一報

　気象に関する予測は気象庁や気象庁長官から許可を得た民間気象会社が作成・公表をしています。台風や豪雨など災害級の事象が見込まれる時にはどちらも第一報を発信しますが、民間気象会社が作成するニュース記事の方が気象庁の公式発表よりも数時間から1～2日単位で早く発表される傾向が見られます。

　例えばのちに平成30年7月豪雨（西日本豪雨）と呼ばれるようになった大雨が降る前には、ある民間気象会社は「週末にかけて歴史的大雨の恐れ。多発的な土砂災害・河川氾濫に警戒」と題した記事を7月4日の夜間に配信し、災害への備えを呼びかけました。気象庁も特別に記者発表の場を設けて警戒を呼びかけたのですが、それは翌5日の午後になってのことです。わずかな違いしかないように見えるかもしれませんが、どちらの情報を使うかによって準備にかけられる時間が約半日分異なった可能性が指摘できます。

　これは個人的な印象ですが、第一報の出し方という観点で見ると民間気象会社と気象庁が出す情報には違いがあるようです。民間気象会社の方は可能性レベルの事象であっても積極的に発信していく一方で、気象庁はもう少し慎重に時間をかけ、予測を見極めた上で情報を出していく姿勢を感じます。どちらを使うかはお好みの部分もあるのですが、民間気象会社に所属する気象予報士などのツイッターをフォローしたり、インターネットのポータルサイトなどで配信される気象関連の記事をこまめに確認しておいたりすると、こ

の先の異変にいち早く気付くことができる可能性があります。

　民間気象会社が過去に実際に公開した記事タイトル等で使われたことがある表現には、「記録的な大雨」、「災害級の大雨」、「災害につながる大雨の恐れ」、「西日本豪雨に類似」、「災害をもたらすような危険度の非常に高い大雨」、「命に危険が生じるような大雨があちらこちらで降る恐れ」、「土砂崩れが起きる可能性がこれまで以上に高い」、「数日続く『滝のような雨』　500ミリ超の大雨の恐れ」などがあります。特に強い表現が記事のタイトルや本文の中で出ている場合は「煽っている」「大袈裟だ」と判断せずに、自分の地域で見込まれる危険性の有無を調べなければならない時と受け止めておきましょう。

気象庁や気象台が発表する第一報

　社会的に大きな影響が見込まれるような気象現象が予測される時には、気象庁の本庁や地方を管轄する管区気象台なども積極的に情報を出しています。記者発表という形が取られ、その様子がテレビやインターネットのニュース動画などで報道されることもあります。

　災害が迫る時の記者発表は基本的に毎日行われ、大雨や暴風のピーク時には1日に複数回行われたこともあります。気象庁が第一報の段階で伝えることは、今後の気象的な予測やどのような現象に警戒すべきか、いつまでに準備をしておくべきかなど大まかなことです。災害発生が懸念される日が近づくにつれて発表される情報も詳しくなり、各地で大雨や暴風が見込まれるタイミングの他、予測される雨量や台風の場合は最大風速なども具体的に伝えられるようになります。

　記者発表の資料や質疑応答の中では今後の展開について踏み込んだ見解が示される場合もあります。過去の記者発表では台風関連の特別警報が発表される可能性について言及されたことや、大河川が氾濫する可能性を早い段階から伝えた例がありました。記録的な暴風が首都圏で見込まれた令和元年の台風15号（令和元年房総半島台風）接近時には、「夜になって接近とともに

世界が変わる」との印象的な言葉が気象庁の記者発表の場で飛び出しています。

記者発表の資料の中には、「週末を迎える前に台風への備えを終わらせるようお願いいたします」といった呼びかけ文も含まれることがあります。「○○までに○○をしてください」という表現は何の変哲もないように見えるかもしれませんが、気象庁が出す大雨関連の情報群の中でいつまでに何をすべきか具体的に呼びかけるのは実はこの記者発表だけです。「○○までに」という情報はＡ案の準備やＡ案の実施を行う期限としてそのまま使える可能性があるので、こうした表現が使われていないか気をつけて見るようにすると良いでしょう。

記者発表の資料は気象庁や管区気象台のホームページに都度掲載されます。大雨や台風の接近などが見込まれるような時にはトップページにある報道発表や新着情報のところから探すようにしていきましょう。

より地域に特化した第一報

民間気象会社が作成する記事や気象庁などの記者発表はほとんどの場合で全国レベルや地方レベルの内容です。より地域に特化した第一報としては、予測の中に出てくる雨量の情報が役立ちます。私たちは第１部のところで災害が起こりかねない雨量（「多すぎる雨」）について調べましたが、その規模の大雨が降る可能性があるかを第一報の中から読み取っていくのです。

早い段階の情報に現れる雨量はほとんどの場合、「多いところで」という表現とセットで語られます。「関東地方の多いところで○ミリ」といった例や、「佐賀県南部の多いところで○ミリ」といった例です。こうした情報は先に取り上げた気象庁などの記者発表資料の他、気象庁が発表する「気象情報」という名の情報でも確認できます。

この「気象情報」は注意報や警報に先立って注意を呼びかけたり、注意報や警報だけでは伝えきれないことなどを補完する位置付けで発表されたりするものです。全国規模の情報は「全般気象情報」、地方のブロックごとの情報は

「地方気象情報」、都道府県単位の情報は「府県気象情報」と呼ばれ、大雨の時には各情報がそれぞれ別々に発表されます。

　各「気象情報」は気象庁のホームページで確認できます。トップページから「防災情報」のタグを開き、さらに「気象情報」を選んで該当する情報を探してみましょう。雨量の見込みを地域レベルで調べたい時には「府県気象情報」を見るようにし、「府県気象情報」が未発表であれば「地方気象情報」など広域的な情報を見ていくと良いでしょう。

　雨量に関する気象庁の第一報としてはこの「気象情報」がメインとなってくるのですが、「多いところで○ミリ」という情報はこのままでは使いづらい点が否定できません。自分の場所がその「多いところ」に該当するか否かまで判別しづらいですし、数日に渡って降る場合の全体の雨量が把握しづらいといった問題もあります。

「多いところ」を調べるための情報

　そこで「多いところで」という気象庁の見解を補完する情報として次の2つを見るようにしてみましょう。1つは民間気象会社が作成する記事の中で取り上げられることがある雨量の予測図です。これは大雨となる一連の期間を通じて見込まれるトータルの雨量を地図の上に記したものです。

　次ページの図は令和元年東日本台風の前に発表されていたものです。雨量が大きくまとまると予測されているところが「○○地方の多いところ」です。早い段階での予想であるので大雨となる場所は変わっていくこともあるのですが、第一報の段階で気をつけた方が良い場所が一目瞭然です。ただし、こうした図を見る時に注意しなくてはならないのは、雨量として最も多いところが危険というわけではないことです。災害に結びつきかねない「多すぎる雨」は場所によって異なることをここで思い出してください。相対的に見ればあまり目立たない雨量であってもその地域にとっては致命的な雨量の場合があります。雨量の予測の図を見る時には自分の地域で災害を引き起こしかねない雨が降る可能性があるか否かという視点で見ていきましょう。

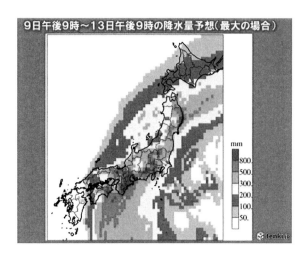

図：民間気象会社が発表した記事中で紹介されていた令和元年台風19号による雨量の予測。tenki.jpより引用。

　「多いところ」とはどこかを詳しく把握するもう1つの方法は、外国の気象機関が作成する予測値を参照する方法です。Windy.comというサイトを開き、「雨、雷」の選択肢から「累積雨量」を選んでみましょう。天気予報のベースとなる計算モデルはECMWF（ヨーロッパ）のもの、GFS（アメリカ）、ICON（ドイツ）と選択肢がありますが、ECMWFやICONの方が細かく気象現象を表現できるのでどちらかを選択しておきます。ECMWFを選んだ場合、12時間、24時間、3日間、5日間、10日間の累積雨量を調べることができます。

　台風や豪雨で雨が長引きそうな時は24時間や3日間の情報を選択し、調べたい地点を地図上でクリックしていきます。そうすることで対象期間に予測される雨量が図のように表示されます。値が大きくまとまるところがその地方にとって「多いところ」です。表示された値は参考値として災害が起こりそうか否かの判断に利用しましょう。雨量の予測では1の位まで示されますが、実際にはこの数字を上回る場合も下回る場合もあるのである程度の幅を見て評価します。なお、台風の場合などでは気象庁の予想とは異なった場所で大雨が予測されることも考えられます。このためWindy.comはあくまで参考程度の利用とし、民間気象会社が作成する記事などで予測雨量を把握していく方法を優先するとよいでしょう。

図：奄美地方で予想される24時間の累積雨量を調べた例。Windy.comより引用。

警報レベルの現象が起こる可能性を示す情報

　地域を絞った形で出されるもう１つの第一報は、警報レベルの現象が起こる可能性を示す気象庁の「早期注意情報（警報級の可能性）」です。しかしなぜ警報級の可能性を知ることが防災に役立つ情報になるのでしょうか？　それは注意報や警報などが発表される基準に関係してきます。

　注意報や警報の発表基準は過去に地域で発生した災害を細かく分析した上で策定されます。内水氾濫の危険性を伝える大雨警報（浸水害）では床上浸水や床下浸水が多数発生した時と同じ条件に基準が置かれるので、「警報が発表されそう」という情報はそういった規模の災害が起こりうるかもしれないことを示すのです。

　「早期注意情報（警報級の可能性）」は気象庁のホームページを開き、「防災情報」のタグから「気象警報・注意報」を選んで地図上で自治体を選択していくと閲覧できます（次ページの表参照）。警報クラスの事象が見込まれる可能性がある場合には「高」もしくは「中」で表示され、それぞれ警報級の可能性が高いことと可能性があることを指します。早期注意情報は５日先までの事象が対象です。翌日までの情報の中には１時間の最大雨量、３時間の最大雨量、24時間の最大雨量が出てくるのでここでも数字をもとに危険性が高そうか

を判断していきましょう。台風や前線などによる大雨が見込まれる時には2日先から5日先という中期的な情報でも「高」や「中」が表示されることがあります。大雨だけではなく暴風に関する情報もあるので、事前の対策や避難のタイミングを検討していく必要がある時に参考としてもらいたい情報です。

表：早期注意情報（警報級の可能性）の例。この例では暴風や波浪に関する情報は発表されていないが、大雨警報の可能性が「高」や「中」で示されている。雨の欄の単位はミリ、風は最大風速であり、これらの数字も避難の判断等の手がかりとして利用できる。気象庁のホームページより引用。

奄美地方の早期注意情報（警報級の可能性）										
2021年06月05日17時　鹿児島地方気象台　発表										
奄美地方では、6日までの期間内に、大雨警報を発表する可能性が高い。										
鹿児島県奄美地方			5日	6日				7日	8日	9日	10日
			18-24	00-06	06-12	12-18	18-24				
大雨	警報級の可能性		[高]			[中]		[中]	-	-	-
	1時間最大		50	50	25	40	25				
	3時間最大		70	70	35	60	35				
	24時間最大		150から200								
暴風	警報級の可能性		-			-		-	-	-	-
	最大風速	陸上	17	17	10	9以下	10				
		海上	17	17	10	9以下	10				
波浪	警報級の可能性		-			-		-	-	-	-
	波高	下記以外	3	4	2.5	2	1.5				
		十島村	3	4	2.5	1.5	1.5				

注意報や警報の情報を使う時の3つのポイント

　災害発生が見込まれる日や時間帯が近づいてくると起こりうる災害に特化したピンポイントな情報が手に入るようになってきます。その代表的なものが各種の注意報や警報です。それぞれの注意報や警報に関する説明は後で行うとして、ここでは注意報や警報を使う時に共通する3つのポイントを指摘したいと思います。

　そのポイントとは、数値の予測を影響に置き換えて見ること、影響が出る時間帯やピークの時間帯を読み取ること、悪化の傾向を見逃さないことの3つです。この3つのポイントを押さえるだけでも避難などに役立つ判断材料を増やすことができます。

　そうしたポイントを読み取るためには、注意報や警報の詳細情報を見ていく必要があります。詳細情報は気象庁のホームページから「気象警報・注意

報」を閲覧すると確認できます（表参照）。防災情報をまとめたホームページやテレビ・ラジオなどの気象情報などでは詳細情報が割愛されてしまうことがあるので、気象庁のページを参考にしていきましょう。詳細情報では注意報や警報の種別ごとに色によって対象時間帯が示されるほか、予測される雨量や風速などの値が表示されます。

表：注意報や警報の詳細情報の例。27時間先までの情報が3時間区切りで示されている。
　　注意報や警報の予測に現れる数字は雨（単位：ミリ）や風速（単位：メートル）の見込み
　　を示す。気象庁ホームページより引用。

伊勢市の警報・注意報（今後の推移）												
			2021年03月13日00時42分発表									
伊勢市			13日							14日	備考・関連する現象
			00-03	03-06	06-09	09-12	12-15	15-18	18-21	21-24	00-03
大雨（浸水）			35	25	20							浸水注意
大雨（土砂災害）												土砂災害警戒
強風	陸上		13 ▽	13 ▽								
	内海		18 ▽	16 ▽								
波浪			2.5	2.5	1.5	1.5	1.5	1.5	1.5	1.5	1.5	以後も注意報級
雷												竜巻、ひょう

■ 大雨特別警報
■ 特別警報（大雨以外）・高潮警報・土砂災害警戒情報　*1 暴風警報に切り替える可能性が高い
■ 警報（高潮以外）・高潮注意報(*1)　*2 上記以外の高潮注意報級
□ 注意報（高潮以外）・高潮注意報(*2)
□ 予想期間外

　1つ目のポイントである数値の予測を影響に置き換えて見るとは、この詳細情報の中で出てくる数値が自分や自分の地域にとって何を意味するか考えながら見ていくことを指します。第1部では地域にとって危険な雨量を、第2部では避難に影響する可能性がある1時間雨量や風の強さについて理解を深めましたので、そこで把握した数値と予測の中で出てくる数値を見比べて被害や避難への影響を判断していきましょう。例えば雨の予測の中で50ミリという数字が出てくる時には内水氾濫を、風の予測の中で毎秒20メートルという数字が出てきた時には立っていられないほどの風をイメージしていく形です。

　2つ目のポイントは影響が出る時間帯やピークの時間帯の読み取りです。これは詳細情報の中の色の表示がどの時間帯にかかっているか、また、雨量

や風速の数値が一番大きいところはどこか見ていくと判断できます。台風などの場合には雨が強まるタイミングと風が強まるタイミングがずれることもあります。そうした時には、大雨注意報・警報と強風注意報・暴風警報の情報を見比べてそれぞれの影響時間帯やピークの時間帯を把握した上で避難の適切なタイミングを検討しましょう。

　3つ目のポイントは悪化の傾向を見逃さないことです。これは予測の中の数値が時間ごとにどう変化するかという点から判断することができます。さらに、注意報や警報の中にはあらかじめ上位の情報（注意報から警報、警報から特別警報）に切り替える可能性を伝えるものがあるので、そうしたものもこの先の悪化傾向を知る手がかりになります。上位の情報へ切り替わる可能性がある時は、見込まれる災害の様相も一段と悪くなる可能性がある時です。気象庁のホームページで注意報や警報を確認するようにしておけば、切り替え予告がある場合には漏らさずに気づくことができます。常に切り替えの予告がなされるわけではないですが、該当する情報がある時には有効に利用していきましょう。

　注意報や警報の詳細情報をうまく使うと避難の判断に役立つ情報が読み取れますが、様々な限界もある点には注意が必要です。気象庁は警報を発表するタイミングについて、警報級の現象が予想される時間帯の3時間から6時間前に発表するとしていますが、雨の降り方によっては現象が起こってから後追い的に発表されたり、現象が起こる直前に発表されたりすることがあります。また、詳細情報の中で出てきた雨量の見込みを大きく超える雨になることや、影響が出る時間帯やピークが前や後ろにずれることなども実際の場面で見られます。これらの対策としては、今現在何が起こっているのかを確認できるツール（気象レーダーや雨量などのリアルタイムのデータ）を使って予報された内容と実況のズレに早めに気づくようにしたり、目先1時間から数時間程度を対象とした雨量の予測を使ったりすることなのですが、具体的な方法はのちに触れることにします。

　災害が発生しかねない時間帯が目先の時間帯から数時間程度先の時間帯に

なってくると、各種の情報を通じて影響を受ける場所や危険となる時間帯がより具体的に把握できるようになります。まずは内水氾濫に関する情報から見ていきましょう。

3. 情報に現れる内水氾濫の手がかり

内水氾濫の情報の使い方

　内水氾濫が起こると床下浸水や床上浸水の被害が出ることもあれば、冠水した道路によって避難が著しく困難になることも想定されます。そうした被害や影響が見込まれるため、内水氾濫が発生しやすい気象条件だと伝える情報や内水氾濫の可能性が実際に高まってきたことを示す情報は貴重です。

　内水氾濫に関する情報の中にはすでに被害が出ている可能性を示す情報もあります。手遅れの状態を示す情報ではありますが、車や徒歩で遠方に避難すべきではないと判断するための根拠として利用価値があります。

　これから個々の情報の説明に移りますが、各情報が自分にとってどのような場面で使えるかを考えながら読み進めていってください。いよいよ災害が起こりそうだと伝える情報は人によってはA案実施の最後のタイミングの判断に、災害がすでに発生している可能性を示す情報はA案からB案へ切り替えるべきタイミングの判断に利用できるはずです。

内水氾濫等が発生しやすい気象条件を伝える情報

　道路冠水や内水氾濫は台風や低気圧、前線など比較的早い段階から予測ができる気象現象の他、夏の夕立のように空が急に真っ暗になって降るタイプの大雨でも起こることがあります。後者のような突発的な雨の場合は場所を特定しての事前の予報は難しく、大雨警報などの情報発表は良くて直前か悪い場合は大雨が始まってからとなりがちです。しかし事前の予測が難しい場合であっても局地的な大雨となりそうな気象条件を示唆する情報はいくつもあるので、そうしたものが確認できた時には天候の急変に注意をしておくよ

うにすると良いでしょう。

　局地的な大雨を示唆する情報の１つが雷注意報です。雷注意報は、「雷が落ちる可能性があるので警戒を」という意味合いだけではなく、積乱雲が発達することによる激しい気象現象（落雷以外にも強い雨や竜巻などの突風、雹なども含まれます）によって人や建物に被害が及ぶ可能性がある場合にも発表されます。雷注意報が出ている時は、大気の中で条件が揃えばごく短時間のうちに積乱雲が湧いて大雨が降る可能性がある時です。

　民間気象会社のホームページでは無料で「発雷確率」という予測情報を公開しているところもあるので見ておくのも手です。これは対象となる地域で雷が発生する確率を時間ごとに示すものです。発雷確率の数字が大きいほど雷雨に見舞われる可能性は高くなります。

　雷注意報が発表されるような日にはテレビやラジオの気象ニュースでも「大気の状態が不安定」という表現や、「上空の寒気」といった表現が使われるはずです。このようなキーワードは積乱雲を発達させる前提条件が揃っていることを意味します。局地的に発生・発達した積乱雲は内水氾濫だけではなく中小河川の外水氾濫や土砂災害も引き起こす可能性があるので、空模様が怪しくなってきた時には気象レーダーや雨量計なども見て実況や目先の予報を確認しておくようにすると良いでしょう。

内水氾濫に関する注警報とその基準

　内水氾濫の可能性が高まってきた場合には、大雨注意報や大雨警報（浸水害）が自治体を対象に発表されます。大雨警報は内水氾濫向けと土砂災害向けの２つの情報があるので注意してください。「（浸水害）」とついたものが内水氾濫への警戒を呼びかける大雨警報となります。

　気象庁の定義を借りれば大雨注意報は「大雨による土砂災害や浸水害が発生する恐れがあると予想した時」に、大雨警報は「大雨による重大な土砂災害や浸水害が発生する恐れがあると予想した時」にそれぞれ発表されるものです。

　大雨注意報と大雨警報の違いは「重大な」という言葉の有無のみでこれだけではピンと来ないのですが、注意報や警報の発表基準がどこに置かれているかを知っているとそれぞれの情報が意味する違いがはっきりと分かります。早期注意情報（警報級の可能性）のところでも少し触れたのですが、改めて注意報や警報の発表基準を見ていきましょう。

　注意報や警報は雨量等がそれぞれの基準値を超える見込みが立った時に発表されるものですが、発表基準そのものを決める時には過去にその地域で発生した災害の分析結果がもとになります。その過程を示した例が次の図です。

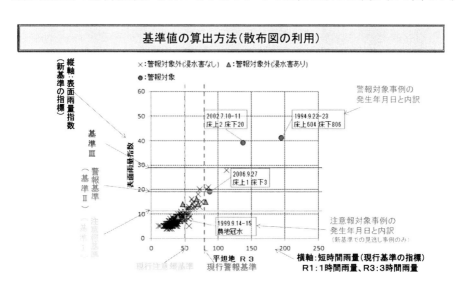

図：大雨注意報・警報の発表基準について説明した図。福島地方気象台作成の資料より引用。

　図の中のグラフを見ると無数の×印のほかに少数の△印や○印が書き込まれていますが、これら1つ1つは過去に雨が多く降った事例です。×印はその雨で発生した浸水被害がなかったことを、△印は農地の冠水など軽微な浸水の被害があったことを、○印は床上浸水や床下浸水など重大な被害が発生したことをそれぞれ表しています。横軸や縦軸として使われるのは雨量や雨量をもとに計算された指数です。大雨になればなるほど横軸と縦軸の値は大

きくなります。

　図の縦軸に沿って見ていただきたいのですが10より下の部分では×印がほとんどを占めていたものの、10を超えると△印がいくつか現れています。20弱のところで○印が初めて登場し、40前後のところには過去の災害でトップクラスの被害が出た事例があります。

　被害と雨量（指数）との関係を見た上で設定されるのが注意報や警報などの基準です。この例では大雨注意報の基準は軽微な浸水を示す△印が集中する手前に、大雨警報（浸水害）の基準は重大な被害にあたる○印が初めて出てきたところに設定されています。

　大雨注意報に比べて大雨警報の方が「重大な災害」と説明される背景には、こうした被害規模の違いがあります。大雨警報（浸水害）が発表される時は、過去に地域で床下浸水や床上浸水などの重大な災害が起こった条件に類似しているので、何らかの被害が出かねない可能性が出てきたと判断していきましょう。

注意報・警報だけでは分からないこと

　大雨注意報や大雨警報（浸水害）の基準は自治体ごとに災害分析がなされた上で設定されています。大雨注意報や大雨警報はまさにカスタマイズされた災害情報ということもできます。

　しかし注意報や警報という情報だけでは伝えきれない点もあります。例えば警報の基準を超えるような災害といっても、床上・床下浸水が数件といった比較的小規模の災害から、被害が数百件を上回るような大規模な被害までありますが、そのような違いは警報の発表状況だけでは見えにくいという問題があります。また、注意報や警報は自治体を対象に発表されるものであるので、1つの自治体の中で具体的にどの場所の危険性が高まっているかの特定も困難でした。

　これらの問題点を解決するために導入されたのが特別警報や各種のキキクル（危険度分布）の情報です。警報クラスの事象の中でも最悪レベルのことが

起こる可能性を示すのが特別警報、ピンポイントな場所ごとに災害の危険性を細かく伝えるツールがキキクルです。キキクルの方はピンポイントなだけではなく最悪レベルのことが起こる可能性も同時に伝えます。こうした背景を念頭に置きながらそれぞれの使い方を確認していきましょう。

大雨特別警報（浸水害）の使い方

　大雨特別警報も大雨警報と同様に「浸水害」と「土砂災害」に区別されます。内水氾濫に関係してくるのは「大雨特別警報（浸水害）」の方ですが、これが発表されるような時は内水氾濫に限らず外水氾濫も含めて最悪レベルの災害がすでに起こっているか、今後さらに被害が拡大する可能性が高い点に留意しなければなりません。

　大雨特別警報（浸水害）が発表される条件は、3時間もしくは48時間の間に50年に1度の確率で発生するとされる雨がすでに降っていること、大規模な内水氾濫や中小河川の外水氾濫が発生している可能性が高いと計算上で推定されること、さらに追い討ちのように雨が降り続くと予想されることという条件を満たす時です。大雨特別警報（浸水害）が出る時には土壌中に染み込んだ雨量も50年に1度の値を超えています。

　大雨特別警報（浸水害）の基準が3時間と48時間の2本立てなのは、短時間の集中豪雨が発生する時と台風などにより長く降る雨で危なくなる場合のどちらでも対応できるようにしてあるためです。なお、大雨特別警報（浸水害）の発表基準には一定程度の面的な広がりという条件も設定されているので、ごく局地的な現象で大雨となっている場合では発表されません。

　大雨特別警報（浸水害）はすでに災害が発生している可能性が極めて高い状況です。このため、A案からB案に切り替える目安として使うべき情報でしょう。大雨特別警報が出たから遠方へ避難というのは誤りです。この情報の位置付けには十分注意してください。

浸水キキクルと洪水キキクルの使い方

　内水氾濫の危険性がどこでどの程度高まっているのかピンポイントに確認できるツールが気象庁の「浸水キキクル」（大雨警報（浸水害）の危険度分布）と「洪水キキクル」（洪水警報の危険度分布）です。氾濫型の内水氾濫を調べたい時は「浸水キキクル」を、湛水型の内水氾濫を調べたい時は「洪水キキクル」をそれぞれ参考としていきます。

　大雨で氾濫型の内水氾濫の危険性が高まった時に気象庁のホームページから「浸水キキクル」を開くと、地図上に黄色、赤色、薄い紫色、濃い紫色の表示が出てきます。それぞれの色は危険度を指しますが、黄色の表示の意味は1時間先までに大雨注意報の基準を超える可能性がある場合、赤色は1時間先までに大雨警報（浸水害）の基準を超える可能性がある場合を意味します。大雨警報（浸水害）の基準は先に説明したとおり床上浸水や床下浸水が発生し始めるところに置かれているので、赤色が「浸水キキクル」に現れた場所は要注意です。

　大雨警報（浸水害）の基準を超える場合でも比較的小規模な被害から大規模な被害まで幅があったことをここで思い出してください。「浸水キキクル」では大雨警報（浸水害）の発表基準のさらに上にもう1つ基準が置かれ、大規模な被害が出る可能性を伝える仕組みがとられています。

　「浸水キキクル」の場合、1時間先までに警報基準のさらに上の基準を超えて大きな被害が出る可能性が高まった時は薄い紫色が、すでにその基準に達している時には濃い紫色が表示されます。濃い紫色の状態の時は内水氾濫により床下・床上浸水が相当多数発生している可能性が他のどの色の場合よりも高いため、無理をして車や徒歩で遠方に移動しようとするのはかえって危険です。自宅の2階やごく近くの堅牢な建物の2階以上への避難など、B案を取っていくべき事態であることを示すのが濃い紫色の情報です。

　湛水型の内水氾濫の可能性がある場所では「洪水キキクル」も参考としていきます。気象庁のホームページで洪水キキクルを選び地図をどんどん拡大させていくと河川を示す線沿いに黄色や赤色の縞模様の情報が現れてきます

（湛水型の内水氾濫の可能性がある場合のみ）。図は東京都内を流れる目黒川
沿いに情報が発表された時のものです。

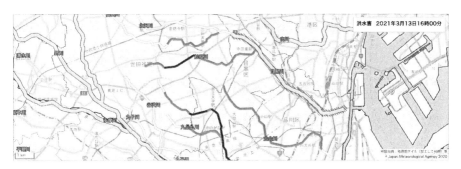

図：洪水キキクルで湛水型の内水氾濫を調べた例。太い線で書かれた川（目黒川）に沿って
縞模様の情報が現れていることが分かる。気象庁のホームページより引用。

　湛水型の内水氾濫に関する情報の場合、発表基準の策定には地域で発生し
た過去25年分以上の湛水型内水氾濫のデータが利用されています。黄色の
縞模様は軽微な内水氾濫が発生した時と同様の状況が予測される時、赤色の
縞模様は重大な内水氾濫が発生した時と同様の状況が予測される時に発表さ
れます。河川の水位が上がっていく状態で赤色の表示が出る時には、相当の
被害を伴った湛水型の内水氾濫が発生する可能性を考慮して行動しておいた
方が良いでしょう。なお、過去の災害で問題になったことがあるのですが、雨
が全く降っていない時に発生する湛水型の内水氾濫は「洪水キキクル」では
うまく表現されないという欠点があります。そのようなケースの場合には気
象庁から自治体に注意喚起がいくこととなっています。本川の水位が上がっ
ているような時には自治体からの情報にも注意しておきましょう。湛水型の
内水氾濫は排水ポンプの運転調整が引き金になる場合もあるので、運転調整
の仕組みがある地域の方は水位やポンプ場に関する情報もA案やB案の判断
に取り入れておくようにしてください。
　各キキクルを通じて発表される情報はピンポイントであり見込まれる災害
の深刻さも分かるため非常に便利です。ただし、雨の降り方によって頻繁に

色が変わっていくのが難点です。キキクルだけに頼るのではなく、気象レーダーなども見て今後雨量がまとまり危険な状況が見込まれないかなど総合的に判断していくと良いでしょう。

記録的短時間大雨情報はどう扱うか？

内水氾濫の可能性を示す情報として最後に記録的短時間大雨情報を取り上げます。この情報は直近の1時間に降った雨の量が数年に1度の規模に達し、災害の危険性が高まったことを宣言する速報のようなものです。概ね都道府県ごとに数年に1度の雨の量が発表基準として定められ、1時間に80ミリから120ミリのどこかで設定されています。気象庁のホームページで記録的短時間大雨情報の基準を検索していただくとお住まいの場所の基準が分かるため一度確認してみてください。

大雨が降り発表基準が満たされた場合、いつからいつまでの間にどこで何ミリの雨が降ったかが記録的短時間大雨情報として伝えられます。発表基準自体がすでに下水道などで対応できる雨量を大きく超えるレベルに設定されていることから分かるように、記録的短時間大雨情報が出るようなタイミングでは氾濫型の内水氾濫がすでに発生している可能性があります。場所によっては土砂災害や中小河川の外水氾濫の危険性もあると言えます。何の危険性が高まったかは各種のキキクル（浸水・洪水・土砂）でも確認します。記録的短時間大雨情報はA案を取り始めるタイミングとしてよりも、B案へ切り替えていくタイミングとして利用する方が良いでしょう。なお、記録的短時間大雨情報は発表基準に少しでも足りない場合には発表されない点と、「大雨が降った」という内容であるので情報が発表されるまでに1時間以上待つ必要があるのが難点です。

大雨の時には記録的短時間大雨情報が1回だけではなく、複数回に渡ってほとんど同じ場所で発表されることもあります。そうした場合は地域にとって異常な量の雨が降り続いていることを意味し、内水氾濫の影響範囲が広がったり、中小河川の外水氾濫や土砂災害が拡大したりする可能性も考えら

れます。場合によっては大河川の水位の上昇や氾濫にも結びつきかねません。記録的短時間大雨情報が立て続けに出るような雨が降っている場合はすぐに安全を確保していくことが必須です。

4.　情報に現れる中小河川の外水氾濫の手がかり

河川の情報を使う時のポイント

　ここからは中小河川の外水氾濫に関する情報についてまとめていきます。河川に関する情報は大河川を対象にしたものも含めてですが、この先も水位が上がっていく可能性があるのか、上がるのであれば氾濫しそうなほど危険な水位になるのか、そしていつ頃危険になりそうかを情報から読み取っていくことが基本になります。

　川が増水する時には実際に川の様子を見に行ったり、ライブカメラで川の状況を確認されたりする方もいるかもしれません。しかし、川の「今の状態」だけで判断しないようによく注意してください。見た時点の川の水位が低くてもこの先急激に水位が上昇していくかもしれません。また、数十センチで川が溢れそうな状況を目撃した場合でも、「きっとこのまま大丈夫だろう」と自分に言い聞かせてしまう可能性もあります。河川水位に関する予測の情報はすでに公開されているので、「今の状態」だけではなく「この先の状態」も見て判断していくのがポイントです。

　河川水位のデータが公開されている場合は判断に取り入れていきましょう。水位のデータは大河川を中心に公開がされており、最近は中小河川の方も整備・公開が進んでいます。水位のデータを見る時には今現在の水位だけではなく、過去からの様子も確認するようにしてください。水位が高い状態であったとしても、その状態がしばらく続いている場合もあれば、短い時間のうちに急上昇してその水位に至っている場合もあります。あるいは水位上昇のピークを超えていることもあるでしょう。もし急激に水位が上がっているのであれば氾濫の発生を前提として一刻も早い対応が必要となります。このよ

うに、過去からの水位の変化を把握しておいた方が判断を誤りません。水位のデータや予測情報を使って過去から現在、そしてこの先の時間帯まで一連の状況を確認していくのが河川に関する情報を使う時の理想形です。

　これらのポイントを踏まえながら、まずは中小河川に関する情報を見ていきましょう。取り上げるのは洪水に関する注意報・警報、洪水キキクル、水位関連の情報やデータです。

中小河川の外水氾濫の可能性を示す注意報・警報とその基準

　洪水の危険性が高まった時に発表されるのは洪水注意報や洪水警報です。これらの情報は中小河川の外水氾濫に特化したものになります。大河川の外水氾濫は対象外で、全く別の情報である指定河川洪水予報によって注意や警戒が呼びかけられます。

　洪水注意報や洪水警報も過去に発生した被害の分析が発表基準を設定する根拠となっています。水位が上がり軽微な被害が河川などで発生した例をもとに設定されるのが洪水注意報の基準、河川の流域で規模の大きな浸水害が発生した事例をもとに作られるのが洪水警報の発表基準です。過去に災害事例がない河川の場合には30年に1度の規模で発生する値が洪水警報の発表基準として使われ、その7〜8割程度の値が洪水注意報の発表基準として便宜的に設定されます。

　洪水警報が出るような場合には、河川周辺で何らかの被害が見込まれる可能性がある状況ということができます。ただし洪水警報の情報だけでは、地域の中で具体的にどの河川が危ないかまでは分かりません。また、各河川の水位が上がり続けるか、氾濫しそうな状態になるか、いつ頃危険になるかについても把握が不可能です。こうした欠点を補完するために見ていく必要があるのが気象庁のホームページから確認できる次の「洪水キキクル」です。

洪水キキクルの使い方

　「洪水キキクル」では全国の中小河川を対象に黄色、赤色、薄い紫色、濃い紫色の４つの色で外水氾濫の危険性が示されます。洪水キキクルを閲覧すると細く表示される河川と太く表示される河川がありますが、中小河川の水位等の情報は細い河川の方の色を見ていきます。太く表示される川（大河川と一部の中小河川）の方は指定河川洪水予報の発表状況を示します。情報の意味合いや発表基準が細い川と太い川で違う点は理解しておきましょう。

　大雨によって河川が増水し、３時間先までに洪水注意報の基準を超えそうな時や超えた時には黄色の表示になります。赤色に変化するのは３時間先までに洪水警報の基準を超えそうな時か超えた時です。赤色の場合は規模の大きな浸水害が流域で発生する可能性が出てきたと言えます。では薄い紫色や濃い紫色は何を表すのでしょうか？

　中小河川の外水氾濫の場合も警報の発表基準のさらに上のレベルに基準が１つ設けられています。洪水警報の基準と警報の一段上の基準の違いは情報の確度にあります。洪水警報の場合は適中率としては10％から20％程度が想定されているのに対し、一段上の基準の適中率は30％から40％程度が想定されています。これは警報の一段上の基準に達した場合の方が、警報の基準を満たした時よりも外水氾濫が起こる可能性が高まった状態であることを意味します。薄い紫色が出るのは３時間先までに警報の一段上の基準を超えそうな時です。一方、濃い紫色は警報の一段上の基準をすでに超えた時に現れます。

　「洪水キキクル」は色の変化を通じて個々の河川の水位に相当する情報を表すものです。上位の色へ変わっていく時は水位が上がり続ける可能性を示し、薄い紫色や濃い紫色が表示される時には氾濫しそうな可能性を意味します。いつ頃外水氾濫が発生するのかは色の変化だけからでははっきりとはしないのがこの情報の難点ですが、薄い紫色が出る場合は「もう間もなく」、濃い紫色の場合は「今にも」や「すでに」といったレベルで考えておきましょう。３時間先までの予測が使われていても３時間後にその状態になるという意味

ではありません。早い場合には数十分単位以下で上位の色へ変わっていく場合もあります。

　濃い紫色が表示されるような時は、普段は浅く緩やかな流れの川であっても大量の雨の影響で全く別物になっているはずです。家にも水が流れ込み、車が水没したり流されたりしている可能性もあります。遠方へ避難するのが危険な状況が想定されるのが濃い紫色の段階です。

実際の水位の確認方法

　河川が実際にどの程度の水位となっているかはインターネットで公開される水位計のデータを参考にしていきましょう。水位のデータは自治体のホームページで公開されていることもありますが、中小河川の場合は都道府県の河川担当部局などが開設したポータルサイト上に情報が集約されている場合があります。「○○都道府県　水位情報」とインターネット上で検索をするとそうしたポータルサイトが表示されます。また、国土交通省が運営する「川の防災情報」も水位の情報を全国的に網羅しているので参考としてみてください。

　水位は過去から現在への変化を見ていきます。水位が急激に上がる時はグラフの傾きも急です（図参照）。気象レーダーで雨雲の動きも見て今までと同じような強さの雨が今後も続きそうな時は特に注意が必要です。そのような雨の降り方をする時には、これまでに記録された上昇率のまま水位が上がるとしたらあとどれ位の時間で氾濫が始まりか

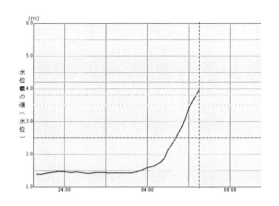

図：河川の水位が急上昇した例。横軸は時間、縦軸は水位（メートル）。短時間のうちに水位が上がったことが急な傾きに現れていると言える。国土交通省の「川の防災情報」より引用。

ねないかを見て避難行動を取ってください。水位の観測局によっては氾濫の恐れがある水位（氾濫危険水位）が設定されていることもあるのでそこに至るまでの見込み時間を判断したり、川の上端や堤防の一番上のところに達するまでの時間を推測したりすると良いでしょう。雨のピークを超えていれば水位の上昇率は緩やかになるか、下降に転じる可能性があります。

　水位の上がり方は降った雨量の違いや降り方、降った場所などによって都度異なってきます。過去の水害時の経験をもとに「川が危険になるまでには今回も○時間あるはずだ」と判断するのは危険です。水位計のデータを見ることで思い込みによる判断ミスを未然に防ぐこともできます。水位情報が確認できる場合にはぜひ利用していきましょう。

水位周知河川とは

　中規模河川の一部や大河川の一部の区間では、水位が一定の高さに達したことを伝える特別な情報が河川管理者（国土交通省や都道府県）から発表されます。そうした対応が取られる河川（区間）は「水位周知河川」と呼ばれ、氾濫によって大きな被害が発生する可能性がある川が選ばれています。「○○都道府県　水位周知河川」と検索するとどの河川が該当するかが分かるので確かめてみてください。

　水位周知河川では、自治体が早めの避難を呼びかける目安とする避難判断水位に達した時に「氾濫警戒情報」が、いつ氾濫してもおかしくない水位とされる氾濫危険水位に到達した時に「氾濫危険情報」が発表されます。水位周知河川を対象としたこれらの情報は今後の水位の予測ではなく、基準に到達したことを示す実況解説のようなものです。

　水位の到達に関する情報が発表された場合は、河川管理者のホームページなどで確認できるはずです。「氾濫危険情報」の中では浸水による影響が見込まれる地域に関して情報提供が行われる可能性もあるので発表時には詳細を見ていくようにすると良いでしょう。

5. 情報に現れる大きな河川の氾濫の手がかり

指定河川洪水予報による4つの情報

　中小河川や水位周知河川の今後の状況判断は「洪水キキクル」が頼りになりました。一方、大河川や、氾濫で特に大きな被害が発生することが見込まれる中小河川の場合は「指定河川洪水予報」を参考としていきます。

　指定河川洪水予報では河川の状況や今後の見込みに応じて4種類の情報が発表されます。その4つとは、「○○川氾濫注意情報」（警戒レベル2相当）、「○○川氾濫警戒情報」（警戒レベル3相当）、「○○川氾濫危険情報」（警戒レベル4相当）、「○○川氾濫発生情報」（警戒レベル5相当）です。指定河川洪水予報は河川ごとに発表される情報であるため「○○川」という河川の名称が情報名の冒頭に付与されます。

　では河川がどういった状態になった時に4つの情報は出されるのでしょうか？　発表基準について気象庁が1つの図にまとめているのでそれを参考にしながらそれぞれの条件を見ていきましょう（図参照）。

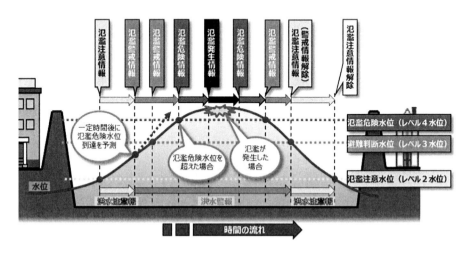

図：指定河川洪水予報の各情報が発表される基準を示した模式図。この図では左側から右側に時間が流れ、時間が経つごとに水位が増して氾濫が発生し、その後水位が下がっていく様子が表現されている。気象庁のホームページより引用。

　指定河川洪水予報に関する4つの情報の中でまず始めに発表されることとなっているのが「氾濫注意情報」です。これは水位が注意を要する高さまで上がったことを伝える情報となります。今後の見込みとしてさらに水位上昇が続くのか、あるいはあまり上昇しない見込みなのかもこの情報の中で言及されます。

　次の段階は「氾濫警戒情報」です。この情報が発表されるのは、一定時間後に氾濫危険水位に到達することが見込まれる場合か、避難判断水位に到達し、さらに水位の上昇が見込まれる場合です。氾濫危険水位や避難判断水位は先ほどの水位周知河川のところでも出てきましたが意味は同じです。氾濫危険水位の方はいつ氾濫してもおかしくない水位、避難判断水位は自治体が早めの避難を呼びかける目安となる水位として位置付けられたものです。

　続く「氾濫危険情報」の発表タイミングは、氾濫危険水位に実際に到達した時です。氾濫危険情報が出るような時は本当に氾濫する可能性が高まっている可能性があると重く受け止めましょう。近年に発生した大きな災害を対象に国土交通省が分析したところ、氾濫危険水位を超えた河川で実際に氾濫が発生した割合は平成30年7月豪雨では約35%、令和元年東日本台風では約56%、令和2年7月豪雨では約30%に達しました。いずれも記録的な大雨が降ったケースです。これらの割合は決して低くはないため、氾濫危険情報が出るような時や氾濫危険水位に達した時にはまさかの事態も起こりうると考えて対処していくと良いでしょう。

　そして最後の段階の情報は「氾濫発生情報」です。これは河川の堤防が崩れたり、水が堤防を乗り越えたりして氾濫が発生したことを公式に伝えるものです。氾濫の発生箇所や氾濫した水によって影響を受ける地域もこの情報の中で確認することができます。

　このような4段階の構成で河川の水位や河川に迫る危機を伝えようというのが指定河川洪水予報の仕組みです。ただし、結局は人が作る情報であるので様々な事態が起こりえます。過去の例では氾濫注意情報の発表が飛ばされ、氾濫警戒情報からスタートしたこともありました。河川の水位が急上昇した

時には氾濫警戒情報から氾濫危険情報への切り替えがわずか15分後に行われたこともあります。その他にも情報が変わるタイミングで水位の予想が大幅に悪化した例、同時多発的に複数の河川が危険となり情報発表の対応が追いつかなくなった例、夜間や通行止めなどの影響で氾濫発生の情報発表が遅れた例などもあります。指定河川洪水予報に限らずですが、人が作る情報ではイレギュラーなことも起こる可能性があることはぜひ知っておいてください。「指定河川洪水予報が出るからそれに合わせて行動すれば大丈夫」といった判断は禁物です。

　水位の状況やこれまでの水位の上昇具合、雨の降り方といったデータには人の判断や情報作成時の遅れが入りません。これらも自分で積極的に確認しながら避難行動等の判断をしていくようにしましょう。

指定河川洪水予報と受け持ち区間

　指定河川洪水予報の発表基準について大枠を理解したところで、実際の情報がどう発表されるかについて見ていきましょう。

　実際の指定河川洪水予報では河川の区間（「受け持ち区間」と呼ばれます）ごとに水位の状況や今後の見込みが伝えられます。1つの河川を複数の予報区域に分けて情報発信するイメージです。河川によっては区間分けがない場合もありますが、ある程度の長さがある河川であれば通常は複数の区間が設定されています。

　テレビやニュース速報などで氾濫危険情報が伝えられる場合には河川全体が危険となっているような扱われ方をすることがあるので注意が必要です。実際には河川全体ではなく、ある特定の区間だけが危険な状態となっていることが少なくありません。こうした誤解を避けるためにも指定河川洪水予報が発表された場合には自分で情報の発表文を確認し、どの区間が危険かを把握していく必要があるのですが、その点に触れる前に受け持ち区間についてもう少し説明していきます。

　指定河川洪水予報では予報対象の区間ごとに、その区間を代表する水位観

測所（「基準水位観測所」と呼ばれます）が選ばれています。逆の言い方をすると選ばれた基準水位観測所がその場所から見て上流や下流、対岸の上流や下流といった一帯を受け持つ形になるので、その広がりが「受け持ち区間」と呼ばれています。図で確認してみましょう。この図は洪水予報の発表対象である河川が３つの受け持ち区間に分かれていることを示す模式図です。

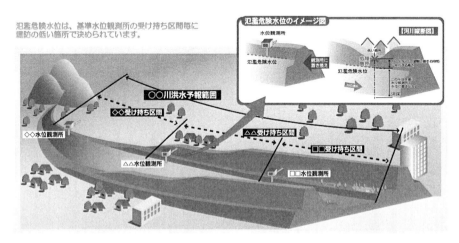

図：洪水予報の対象が３つの受け持ち区間に分かれていることを示す模式図。国土交通省のホームページより引用。

　それぞれの受け持ち区間の中にはその区間を代表する基準水位観測所があります。基準水位観測所では避難判断水位や氾濫危険水位などが定められており、そこでの水位の状況や見込みに応じて区間単位で情報が発表される形となります。

　基準水位観測所の氾濫危険水位は受け持ち区間全体を考慮して設定された水位です（図の右上部分参照）。受け持ち区間の中には堤防の整備が完了して一定の高さが確保できているところもあれば、何らかの理由で堤防の高さが足りていないところもあります。堤防が低い場所では早くから水が溢れてしまうため、そうした危険箇所であっても避難にあてる一定の時間（リードタイム）が確保できるように基準水位観測所の氾濫危険水位は決められている

わけです。基準水位観測所で氾濫危険水位を超えても堤防の上端までは余裕があるように見えるかもしれませんが、受け持ち区間内のどこかでは危険な状態になりつつあると理解しておく必要があります。なお、避難にあてることができるリードタイムとしてどの程度の時間が想定されているかは河川ごとに異なっています。本来であれば自治体のホームページや河川管理者のホームページなどでリードタイムとして想定した時間を明記すべきなのですが、そうした例は稀です。氾濫危険水位から氾濫が発生するまでのリードタイムに関する情報が入手できない場合は、河川管理者に直接問い合わせて確認してみるのも手です。いずれの河川の場合でもリードタイムは1時間弱やあって数時間というレベルのはずですので、氾濫危険情報の発表時には氾濫発生までのカウントダウンが始まっていると捉えて対応すべきです。

　どの基準水位観測所の受け持ち区間が自分の地域に関係するかは指定河川洪水予報の発表文の中で都度確認することができます。もし事前に調べておきたい場合には国土交通省のホームページにある「自衛水防（企業防災）について」などに情報が掲載されているので参考にしてください。

指定河川洪水予報の発表文を見よう

　河川の水位は区間ごとに上昇スピードやピーク時の水位などが大きく異なることがあるので、指定河川洪水予報の発表文の中で詳しく情報を見ていくようにしましょう。大雨が降る時には気象庁のホームページを使って指定河川洪水予報が発表されていないかを確認してみてください。指定河川洪水予報が発表されている場合には詳細を伝える予報文を見ていきましょう。

　次の図は指定河川洪水予報のサンプルとして気象庁のホームページに上がっているものです。A4版で2-3枚程度の様式で伝えられるのは、発表される情報名、受け持ち区間ごとの概要や今後の見込み、氾濫が発生した時に影響する地域名、これまでと今後の流域平均雨量、基準水位観測所ごとの水位の見込み、受け持ち区間の範囲や基準となる水位の補足説明などです。

図：指定河川洪水予報の発表文（サンプル）。気象庁ホームページより引用。

　指定河川洪水予報の中の水位の予測はグラフ形式で示されます。次ページの図は令和元年東日本台風の時に発表された「利根川上流部氾濫危険情報」からの抜粋ですが、これを見ると「観測所名」が２つあるので利根川上流では２つの区間を対象に洪水予報が提供されていることが把握できます。それぞれの基準水位観測所について、情報作成時点の状況と今後２〜３時間程度の予測が水位または流量の値と帯状の線で表されています。時間が経つにつれてさらに危険になるのは２つの区間のうちどちらでしょうか？ 答えは下段の「栗橋水位観測所（久喜市）」の方です。栗橋水位観測所ではすでに氾濫危険水位を超えた状態であるのに、これから先もますます水位が上昇していくことが見て取れるからです。こうした上がり方をしている時には一刻の猶予もないと判断し、様子を見ることなくすぐに避難などの対応を取るべきです。もう一方の「八斗島水位観測所（伊勢崎市）」の方は避難判断水位未満で今後も

水位は上昇しない見込みであることが分かります。このように同じ河川でも区間によって状況は大きく変わることがあるので必ず予報文の詳細を確認するようにしましょう。

観測所名	水位危険度			レベル1	レベル2	レベル3	レベル4
	水位(m) 又は 流量(m3/s)			水防団 待機	氾濫 注意	避難 判断	氾濫 危険
八斗島 水位観測所 (伊勢崎市)	13日00時40分の状況	3.81	-				
	13日01時00分の予測	3.72	-				
	13日02時00分の予測	3.43	-				
	13日03時00分の予測	3.13	-				
栗橋 水位観測所 (久喜市)	13日00時40分の状況	8.96	-				
	13日01時00分の予測	9.21	-				
	13日02時00分の予測	9.73	-				
	13日03時00分の予測	10.12	-				

水位のグラフは各水位間を按分したものです。
水位危険度レベル4については、氾濫危険水位と計画高水位を按分しており、氾濫危険水位＝計画高水位の場合は最大になります。

図：令和元年東日本台風の時に発表された利根川上流部氾濫危険情報からの抜粋。気象庁ホームページより引用。

なお、国が管理する河川を対象に発表される指定河川洪水予報では、2021年6月から6時間先までの水位予測が提供されるようになります。半日先までのことがあらかじめ分かるので、避難等の判断を早めに行うことができるでしょう。ただし、先の時間帯ほど予測は外れやすい可能性があるので逐次最新の情報や水位の実際の状況なども確認するようにしてください。

流域平均雨量の情報も利用しよう

指定河川洪水予報の情報では水位の予測が避難などの判断に役に立ちますが、流域平均雨量の情報も判断に取り入れるようにしましょう。第1部で「多すぎる雨」を調べた際には浸水想定区域図の前提として使われた流域平均雨量も見てきました。計画規模や想定最大規模といったものです。そうした想定で使われた流域平均雨量と実際に大雨となっている時の流域平均雨量を比べることで氾濫が起こりそうな状態か早い段階から判断することができます。

例えば次の例はのちに令和2年7月豪雨と呼ばれるようになる大雨が降っ

ている時に熊本県を流れる球磨川を対象に発表された氾濫注意情報からの抜粋です（図参照）。この情報は指定河川洪水予報としての第一報であったのですが、球磨川の流域で7月3日の5時から7月4日の2時にかけて170ミリ前後の流域平均雨量が観測され、今後3時間程度でさらに100ミリ近く降ることが伝えられていました。つまり午前5時ごろには合計で270ミリに達する可能性が示されていたわけです。

洪水情報

球磨川洪水予報　第1号
洪水注意報（発表）
2020年7月4日 02:30発表
八代河川国道事務所 / 熊本地方気象台

【警戒レベル2相当情報［洪水］】球磨川では、氾濫注意水位に到達し、今後、水位はさらに上昇する見込み

【警戒レベル2相当】球磨川の渡水位観測所（球磨郡球磨村）では、4日02時00分頃に、「氾濫注意水位」に到達し、今後、水位はさらに上昇する見込みです。洪水に関する情報に注意して下さい。

雨量

多いところで1時間に90ミリの雨が降っています。 この雨は当分この状態が続くでしょう。

河川区域	7月3日 05:00〜7月4日 02:00 流域平均雨量	7月4日 02:00〜05:00 流域平均雨量の見込み
球磨川上流域	161	100
球磨川中流域	173	100
球磨川流域	166	100

図：令和2年7月豪雨の際に球磨川を対象に発表された氾濫注意情報。goo天気より引用。

　流域平均雨量で「今は170ミリ」や「この先は270ミリ」といった数字だけではピンとこないのですが、頭の中に浸水想定区域図で使われた雨量があると非常にまずい状態であったことが一目瞭然です。球磨川の浸水の想定は、計画規模の場合は12時間で約260ミリ、想定最大規模の場合は12時間で400ミリから500ミリです。想定で使われた流域平均雨量は12時間分、当時発表された氾濫注意情報の中の流域平均雨量は予測の時間帯を含めて24時間分という違いはありますが、安全側に立って判断するならば計画規模以上の氾濫が発生しかねない可能性を念頭に氾濫注意情報の段階から行動してよ

かったのではないかと思います。

　これは指定河川洪水予報の問題点でもあるのですが、もとから用意されたテンプレートに必要事項をあてはめていく形で情報の作成が行われるので、危険性がうまく伝えられないことがあります。先ほど例としてあげた球磨川対象の氾濫注意情報の主文でも「今後、水位はさらに上昇する見込みです。洪水に関する情報に注意してください」としか書かれていませんでした。ここには氾濫の可能性を示唆するメッセージは一切ありません。

　主文では語られない差し迫った危機が流域平均雨量の実況や予測の数字の中に明瞭に現れることが他の事例でも見受けられます。大雨で河川の水位が上がるような時には浸水想定区域図の想定に使われた流域平均雨量の情報と指定河川洪水予報の中の流域平均雨量の情報を見比べて判断していくようにしてください。実況や予測で想定に使われた流域平均雨量を超えていく場合は非常に危険です。目先数時間以内に災害発生が避けられないと判断し避難等の行動を迅速に完了させておきましょう。

水位のデータも判断に取り入れよう

　指定河川洪水予報の情報を使う際にはリアルタイムの水位情報も自分で確認しておくのがお勧めです。国土交通省の「川の防災情報」を開けば受け持ち区間を代表する基準水位観測所等の今現在の水位やこれまでの水位の記録を示したグラフが確認できます。

　自分で水位の情報を確認するメリットは、指定河川洪水予報で各種の情報が出る前に異変に気づくことができるという点にあります。図は令和2年7月豪雨時の球磨川の水位の変化を示したものですが、この人吉観測所では7月4日の1時30分ごろから急激に水位が上がっていたことが分かります。人吉観測所の氾濫注意水位は3メートル、氾濫警戒水位は3.2メートル、氾濫危険水位は3.4メートルに設定されてはいたのですが、当時の様子を見るとこれらの3つの水位は3時から4時の間に一気に超えてしまっています。水位の急上昇が起こる場合にはある発表基準に基づいて情報が出た時にはすで

に次の発表基準を超えていることも起こります。これまでの水位の上昇率を見ていれば目先の時間帯の水位はある程度推測できます。指定河川洪水予報の発表をわざわざ待たずに動いて行った方がリードタイムを確保することができると覚えておいてください。

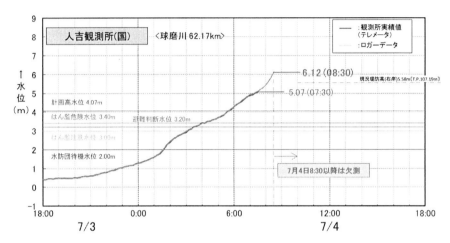

図：令和２年７月豪雨時の球磨川・人吉観測所の水位の変化。国土交通省作成の資料より引用。

　繰り返しになりますが、氾濫危険水位を超えてもなお水位が上昇していく可能性が見えた場合には河川の外水氾濫が避けられないと見た方が良いでしょう。氾濫が発生する前の段階で出される最上位の情報は氾濫危険情報です。河川を対象とした洪水の特別警報などはありません。水位が高い状態が長引く場合には氾濫危険情報の更新が少なくとも数時間に一度は行われるはずです。今後の水位の見込みや流域平均雨量を漏らさずチェックし危険性の判断に役立ててください。この先水位が下がっていくという予測が出たとしても警戒は緩めない方が良いでしょう。氾濫危険水位を超えた状態が長く続いたことで堤防の状態が悪くなり、水位のピークを超えた後で決壊が起こることもあるためです。

堤防のどこが危険か分かる情報

　指定河川洪水予報で分かるのは基本的には受け持ち区間ごとの危険度です。しかし、1つの区間の中でも堤防の高さに余裕があるところから計画通りに堤防の高さが整備されていないところまで様々です。場所ごとにどの程度危険になっているかを示す情報はこれまで存在しなかったのですが、この状況を改善するために国土交通省は「水害リスクライン」と呼ばれる情報を一般公開するようになりました。「水害リスクライン」は水位を確認する時に利用する「川の防災情報」などからリンクが貼られています。

　この情報は、国が管理する河川を対象として約200メートルごとに今現在の堤防の危険度を色で示すものです。平常時は水色、氾濫注意水位を超えた場合は黄色、避難判断水位を超えた場合はオレンジ色、氾濫危険水位を超えた場合は赤色、水が溢れる恐れがある時は黒色で状況が表されます。なお、一般向けの水害リスクラインで公開されている情報はあくまで実況であり、今後数時間先のことを予測した情報ではありません。このため指定河川洪水予報や水位のこれまでの上昇具合などで先を見ながら対応しつつ、「水害リスクライン」で現状も見ていくという使い方が望ましいでしょう。

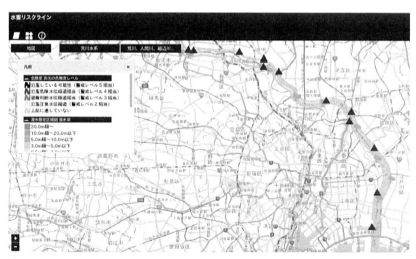

図：水害リスクラインで荒川水系を確認した例。川の防災情報から引用。

氾濫が発生したと知った時には？

　氾濫が発生したという情報も避難行動をとっていく上で重要なものです。氾濫が発生した場所が近いのであれば氾濫発生情報を得た時にはすでに浸水しているかもしれませんが、離れた場所での氾濫であれば対応のための最後の時間が取れるかもしれません。これは水の流れが道路や線路などによって一時的に阻害されることがあり、氾濫した場所から流れてくるのに時間がかかるためです。

　指定河川洪水予報の「氾濫発生情報」ではどこが氾濫したのかと、氾濫による浸水が想定される地区が大まかに伝えられます。ただし、具体的にどこが浸水するのか、何時ごろから浸水するのか、最大でどの程度の深さまで浸水するのか、浸水のピークはいつかといった情報は一部の地域以外では提供されません（利根川や阿武隈川の一部の区間では「氾濫水の予報」としてこれらのことが発表されます）。

　浸水の影響を受けるまでに時間的な余裕がありそうな場合は、国土交通省の「浸水ナビ」で氾濫が発生したとみられる地点に近い破堤点（決壊箇所）を選び、影響が見込まれる時間や深さについて確認してみるのも1つの方法です。ただし「浸水ナビ」はシミュレーションであるため実際の状況と異なる可能性があります。

　過去の災害事例では上流部が決壊した事実まではテレビの報道などを通じて分かっていたものの、まさか自分のところに水が来るとは思わずに対応が遅れてしまった例もありました。「氾濫発生情報」や「浸水ナビ」を利用することで気づかずに被災する事態を無くしていく必要があります。

6. 情報に現れる土砂災害の手がかり

土砂災害に関する情報

　ここからは土砂災害の危険性が高まった時に発表される情報を見ていきます。土砂災害に関しては自治体単位で発表されるものや、より地域を限定し

て発表されるタイプの情報があります。自治体単位の情報は大雨注意報、大雨警報 (土砂災害)、土砂災害警戒情報、大雨特別警報 (土砂災害) の４つで、よりピンポイントな情報は「土砂キキクル」(大雨警報 (土砂災害) の危険度分布) です。土砂災害関連の情報でも発表基準が何か分かっておくとそれぞれの情報の重みが見えてくるので、各基準の作られ方から説明を始めていきます。

過去の土砂災害と土砂災害警戒情報の基準

　土砂災害に関する注意報や警報等も過去の災害分析が基礎となっています。過去に大雨が降った時の土壌中の水分量を推定したデータと過去に地域で発生した土砂災害のデータを突き合わせることで、どこまでの状態であれば土砂災害が起きないか、逆にどこを超えると土砂災害が起こり始めるかの境目が導き出せます。そうして出来上がった境目の線が土砂災害警戒情報の基準の線です。

　この土砂災害警戒情報の基準の線が実際に使われる例を見てみましょう。

　次の図は大雨特別警報 (土砂災害) に関する説明で使われたイメージ図です。横軸は土の中の水分量を示す指数、縦軸は60分間の積算雨量で、右上にいくほど土の中の水分量も多く、降っている雨の量も多いことを示します。いくつか線が書かれていますが、ちょうど真ん中あたりに「土砂災害警戒情報基準」の線が走っています。

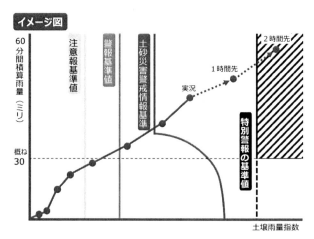

図：土砂災害警戒情報基準等のイメージ図。気象庁のホームページから引用。

この線がまさに土砂災害が発生したことがあるかないかの境目の線にあたります。線から見て右側の領域に入ると土砂災害が発生する可能性が高くなります。逆にこの線から左側は過去に土砂災害が発生していない領域になるので安全に避難することが可能です。「土砂災害警戒情報基準」は都道府県の砂防情報などでは「CL」（Critical Line）と呼ばれることもありますが意味することは同じです。

　土砂災害関連の情報は、自治体単位で発表されるものもピンポイントで示される情報も全てこの分かれ目の線に関係しています。ある情報はこの線を超えそうだと伝え、別の情報はこの線をすでに超えたことを伝えます。この土砂災害警戒情報基準の前と後に出される情報という視点で各情報を見ていきましょう。

土砂災害警戒情報基準を超える前の情報

　土砂災害警戒情報基準を超える前の段階で自治体を対象に発表される情報は「大雨注意報」、「大雨警報（土砂災害）」、「土砂災害警戒情報」の３つです。これらの発表タイミングをまとめた図が次のものです。「土砂災害警戒情報」は２時間先までに土砂災害警戒情報基準を超える可能性があることを意味する情報で、比較的安全なうちに避難できる最後のタイミングを示すものということができるでしょう。しかし、雨の降り方によっては状況が急速に悪化することがあるので「残り時間が丸２時間たっぷりある」と捉えないようにしてください。

　土砂災害警戒情報よりも時間的に先に発表されることになっているのが「大雨注意報」や「大雨警報（土砂災害）」です。大雨警報は内水氾濫向けの場合は「（浸水害）」と付きましたが、土砂災害向けは「（土砂災害）」となります。ちなみに両方の災害が起こりそうな時には２つが併記されます。

　大雨注意報や大雨警報（土砂災害）は、「この先に進むと危険だ」とあらかじめ伝える標識のようなものです。次ページの図をご覧いただくとそれぞれの基準が土砂災害警戒情報基準の左側の領域（土砂災害が発生したことがな

大雨警報(土砂災害)・大雨注意報の基準と運用ルール

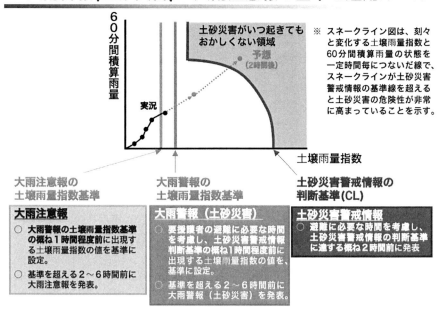

図：大雨注意報、大雨警報（土砂災害）、土砂災害警戒情報の発表タイミングを示した模式
　図。気象庁作成の資料より引用。

い安全な領域）に書かれていることがわかります。大雨警報（土砂災害）の基
準は土砂災害警戒情報基準まであと1時間程度のところ、大雨注意報は大雨
警報（土砂災害）の基準の1時間程度前のところという具合でそれぞれ発表
基準が設定されています。土砂災害警戒情報基準の一歩手前に大雨警報（土
砂災害）の基準、二歩手前に大雨注意報の基準といった仕組みです。

　大雨警報（土砂災害）や大雨注意報は各情報に対応する基準を超える2〜6
時間前に発表することが目標とされています。もしこの通り情報が発表でき
れば、土砂災害警戒情報基準を超えるまでに最低何時間程度のリードタイム
を確保できるのでしょうか？　計算上では大雨警報（土砂災害）の場合では最
低でも3時間程度、大雨注意報の場合は最低でも4時間程度のリードタイム
が確保できるはずです。ただしこれも雨の降り方次第で、短くなることも長

くなることもあります。常に数時間という単位で避難のための時間が確保できるわけではありません。急発達した雨雲がかかり続け大雨となるような時は特に時間的な余裕はないでしょう。各情報の発表を待たずにすぐに対応していくべき状況です。

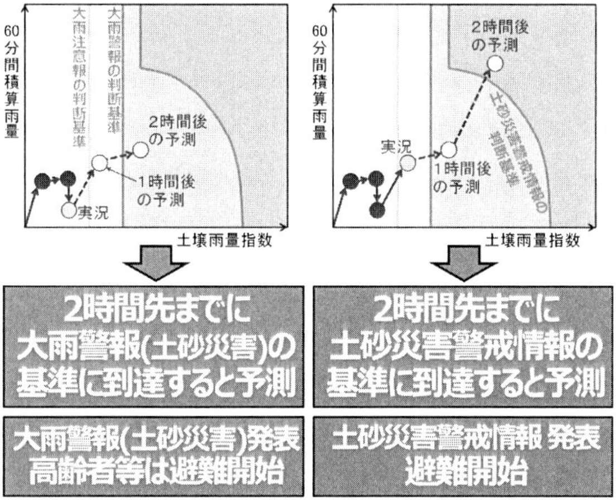

図：土砂キキクルの発表タイミングを示した模式図。左側は赤色、右側は薄い紫色の条件を示している。気象庁のホームページから引用。

土砂災害の危険性をピンポイントに伝えるのが気象庁の「土砂キキクル」です。「土砂キキクル」も他のキキクルの情報と同様に、黄色、赤色、薄い紫色、濃い紫色の4つの色がありますが、土砂災害警戒情報基準の左側の安全な領域にいる間に出る色は黄色、赤色、薄い紫色の3つです。このうち黄色は2時間先までに大雨注意報の基準を超える見込みが立った時に発表されます。赤色は2時間先までに大雨警報（土砂災害）の基準を超える時に、薄い紫色は2時間先までに土砂災害警戒情報基準の向こう側、つまり過去に土砂災害が発生したことがある領域に入っていく見込みが立った時にそれぞれ発表されます（図参照）。薄い紫色が出た時は安全な領域の中で避難行動が取れる時間がすでに限られていることを意味します。

土砂災害警戒情報基準を超えた後の情報

土砂災害警戒情報基準を超えた後に出される情報は2つしかありません。1つは「土砂キキクル」の中の濃い紫色です。黄色、赤色、薄い紫色の場合は2時間先までの予測に基づいており、前もって危険を知らせる意味合いがあ

りましたが、濃い紫色だけは性質が異なります。濃い紫色はすでに土砂災害警戒情報基準を超えた領域に入っていることを指す情報で、もはや危険な状態に突入していると判断すべきものです。このため濃い紫色が出る時は事態の切迫性を踏まえた対応をとっていかなければなりません。

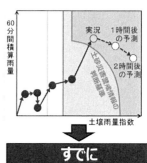

図：土砂キキクルで濃い紫色が表示されるタイミングを示した模式図。気象庁のホームページから引用。

　土砂災害警戒情報基準の右側で出るもう1つの情報が「大雨特別警報（土砂災害）」です。悪い状態から最悪な状態に変わる見込みを伝えるのがこの情報です。大雨特別警報（土砂災害）が発表された場合は、その地域に多大な被害をもたらした過去の土砂災害と同じような状況になっていくことを示します。

　大雨特別警報（土砂災害）が発表されるような時には遠方への避難は危険であるため、非常中の非常プランであるB案を利用してできるだけ安全が確保できるようにすぐに対応しておくべきです。なお、大雨特別警報（土砂災害）が発表される前の段階からすでに土砂災害の危険性は高まっているため、特別警報の発表を待たずに行動しておくことが必須です。

　ここまで土砂災害に関する情報をまとめてきました。各種の情報は大雨が止んだ後にも発表が継続されることがあります。これは土の中の水分量の観点で危険性が判断されているためです。雨がやんだからすぐに安全となるわけではないのが土砂災害です。情報が出続けている間は晴れ間が見えても土砂災害の発生に対して注意や警戒を続けてください。

土砂災害の前兆現象にも注意

　土砂災害の危険性が高まった場合には前兆現象が観察できることがあります。

　崖崩れの前兆としては、崖にひび割れができる、小石がパラパラと落ちてくる、崖から水が湧き出る、湧き水が止まる、湧き水が濁る、地鳴りがするなどの現象が知られています。水の出方や濁り具合などが変わるのは、大雨によって崖の中の状態がすでに変化しつつあることを示しています。地鳴りは地面の中で発生する破壊現象のことで、それが振動として伝わってくるものです。こうした現象が崖付近で見られた時には一刻も早くその場を立ち去り安全と考えられる場所に移動するか、それが不可能であれば崖から離れた側の２階以上にある部屋に避難するなどの対応を取らなければなりません。

　土石流の可能性がある時には、山鳴りがする、急に川の水が濁り流木が混ざり始める、降雨が続くのに川の水位が下がる、腐った土の臭いがする、木が裂ける音や石がぶつかり合う音が聞こえるといったことが前兆現象として考えられています。山鳴りとは崩れた土砂が沢を流れる時に発生する音などが山々で響いて聞こえてくる音です。川の水が濁り、流木が流れてくるのは上流で大雨が降っている証拠です。水位がいったん下がるのは土砂や倒木が水を一時的に堰き止めたからであり、限界点を越えれば土石流となって勢いよく下流に向かって流れてくる可能性があります。腐った土の臭いは、土の粒と粒の間にある小さな隙間に溜まった空気が地下水の上昇によって押し上げられて、大気中に放たれることで発生すると考えられています。地下水が上昇すれば土砂崩れが発生しやすくなるため、腐った土の臭いが前兆現象として数えられるのです。木が避ける音や石がぶつかり合う音は地面が動いている状況を示唆しています。土石流が発生すると家の２階にいても危険ですので、前兆現象を確認した際にはより安全な場所へ早急に移動しておくことが肝心です。

　地滑りの前兆現象は、地面のひび割れや陥没、崖や斜面から噴き出し始めた水、井戸や沢の水の濁り、地鳴り・山鳴り、亀裂や段差の発生などです。地滑りの場合は斜面の崩れ方がゆっくりで、１日にミリやセンチの単位で土の塊が動くのが一般的と言われています。早い場合でも人が普通に歩く程度の速さで崩れていくため、異変に気付いてからの対応で間に合う場合があります。

土砂災害の前兆現象は雨や風の影響で常に把握できるとは限りません。また、前兆が確認できてから土砂崩れが発生するまでの時間も読めないため、大雨が降り続く見込みがある時には土砂災害警戒情報基準から見て左側の安全領域内で出される情報を使って避難をしておくことが望まれます。

7.　風が強くなる前の避難を可能とする情報

風の見込みを詳しく把握する方法

　避難行動のタイミングを判断していく際には大雨もさることながら、風による影響がでる時間帯も考慮に入れなければなりません。風が強まる場合には第2部で見たように移動自体が困難となるため、いつ頃から避難が難しくなるほど風が強く吹き始めるか、ピーク時にかけてどの程度の強さになるのかを具体的に把握していくことが重要になります。風が荒れ狂うのは何も台風に限らず、発達した低気圧などによっても引き起こされます。そこでまずは台風以外の場合でも発表される風関係の情報として、強風注意報と暴風警報について触れた後に、台風関連の情報に焦点をあてて見方・使い方を確認していきます。

風に関する注意報と警報

　強風注意報や暴風警報の発表基準は平均風速で設定されています。平均風速が毎秒10メートルを超える見込みの時には強風注意報を、平均風速が毎秒20メートルを超える見込みがある時には暴風警報を出すというのが全国的な目安ですが、実際の基準は地域の特性に合わせて微調整されます。自分の自治体の基準を調べる時には気象庁のホームページで「警報・注意報発表基準一覧表」なるものを探してみてください。

　強風注意報や暴風警報の基準を調べたら、そのレベルの風が吹いた時に自分や自宅周辺、交通などにどういった影響が出るかまで理解しておきましょう（第2部参照）。強風注意報や暴風警報の詳細情報を見ると予測される平均

風速が数値で把握できます(表参照)。風が強まり始めるタイミングやピーク時の風速などがこの中で確認できるため、避難行動を完了させておくべき段階などの見極めに利用します。なお、暴風警報の基準を超える可能性がこの先5日間のうちに出てきた場合、先に紹介した「早期注意情報(警報級の可能性)」でも「高」や「中」の表示が出てきます。「早期注意情報」と注意報・警報の詳細情報を使いこなしていくことで強風や暴風の可能性をしっかりと把握できるようにしておきましょう。

表:強風注意報の中で伝えられる平均風速の例。気象庁ホームページから引用。

千葉県の警報・注意報 (今後の推移)		2021年06月04日10時31分発表								
千葉県北西部		4日					5日			備考・関連する現象
		09-12	12-15	15-18	18-21	21-24	00-03	03-06	06-09	09-12	
強風	陸上	13	13	13	13	13					
	海上	13	17	17	13	13					
波浪		1.5	2	2	1.5	1.5					
雷											突風、ひょう

台風の強さや大きさ

　台風が来ると大雨や暴風、高潮などによって大きな被害をもたらしかねないため、様々な情報で事前の注意喚起が行われます。比較的早い段階から気象庁や管区気象台などによる記者発表が行われ、テレビなどでも予想の経路図を使った解説がなされます。そうした場でよく出てくるのは「強さ」や「大きさ」に関する台風独特の表現です。

　台風の「強さ」は最大風速ごとに3段階で分けられます。最大風速とは10分間の平均風速の最大値で、この値が毎秒33メートルから毎秒44メートルの時は「強い」、毎秒44メートルから54メートルの時は「非常に強い」、毎秒54メートル以上の時は「猛烈な」と形容されます。第2部でも取り上げた気象庁の「風の強さと吹き方」に基づくと、3段階の一番下である「強い」の段階であっても屋外での行動は極めて危険で、走行中のトラックも横転しかねないというレベルです。「非常に強い台風」や「猛烈な台風」と表現がされる場合には、暴風により家屋が倒壊したり鉄骨構造物でも変形したりする恐れす

表：台風の強さと最大風速。気象庁のホームページより引用。

強さの階級分け

階級	最大風速
強い	33m/s（64ノット）以上～44m/s（85ノット）未満
非常に強い	44m/s（85ノット）以上～54m/s（105ノット）未満
猛烈な	54m/s（105ノット）以上

らあります。日本列島付近の海水温が高い状態であれば台風の勢力は衰えないため、例えば「非常に強い勢力を保ったまま接近または上陸」といった伝えられ方をする場合は暴風に対して特に警戒が必要です。

　また、台風の場合は強風域（平均風速毎秒15メートル以上の区域）の半径に応じて「大型」や「超大型」という表現も使われます。「大型」は強風域の半径が500キロ以上800キロ未満の場合、「超大型」は強風域の半径が800キロ以上の場合で、それぞれの大きさを日本列島と比べたものが次の図です。強風域の範囲が広ければ台風の中心から離れたところでも風の影響が先行して出てきたり、台風の影響下から抜け出るまでに時間がかかるので風が強い状態が継続したりする可能性があります。「大型」や「超大型」とつかない台風であれば安心というわけではないので注意してください。小型の台風であれば比較的平穏な状態から風が荒れ狂うまでの移行時間が短いため油断は大敵です。

図：台風の大きさ。気象庁ホームページより引用。

台風の中心気圧と台風に起因する特別警報

　風は気圧の高いところから低いところへの空気の動きであり、距離的に短い中で地点間の気圧差が大きいほど風が強く吹きます。台風の中心付近の気圧が低い方が激しい吹き方となるのはこのためです。

　気圧はヘクトパスカルという単位で示されます。台風が北海道、本州、四国、九州の海岸線に上陸した時（上陸直前を含む）の中心気圧で1951年から

2020年までの統計上最も低かったのは、第二室戸台風（1961年）の925ヘクトパスカルです。2番目に低かったのは伊勢湾台風（1959年）の929ヘクトパスカルでした。5位の値は940ヘクトパスカルです。もし台風が940ヘクトパスカル以下で上陸するような時は、過去の数十年の統計を塗り替えるような記録的な事態だと理解しましょう。

　伊勢湾台風レベルの歴史的な台風が見込まれる時には台風等に起因する特別警報として「暴風特別警報」、「高潮特別警報」、「波浪特別警報」が発表されることとなっています。台風の特別警報の発表基準は中心気圧が930ヘクトパスカル以下もしくは最大風速が毎秒50メートル以上の台風が勢力を保ったまま接近・通過すると予想される時です。沖縄地方、奄美地方、小笠原諸島の場合は気象的な特性の違いからその他の地方とは異なった基準が適用されます。沖縄地方等では、中心気圧が910ヘクトパスカル以下もしくは最大風速毎秒60メートル以上の台風に対して特別警報が発表されます。

　上陸時の気圧の低さで上位の記録に匹敵するような時や特別警報級と伝えられる時はもちろんですが、上位の記録に及ばなくてもその地方として稀にしか経験しないレベルの台風が上陸する時は要警戒です。近年経験したことがない規模の大災害に結びつく可能性があるため、特に緊張感を高めて避難などの対応にあたる必要があると言えます。台風の特別警報が出た時には、強風注意報や暴風警報の時と同じく、特別警報の詳細情報を見て風速等の予測値や影響が見込まれる時間帯を確認し、避難のタイミングについて把握していきましょう。

用心すべき台風とはどのような台風か？

　台風の強さや大きさ、予想される中心気圧といった要素以外にも、台風関連の情報の中には「今回の台風は特に気を付けた方がよい」という手がかりがいくつかあります。

　そうしたフラグの1つは、気象庁の記者発表などの中で過去に大きな災害をもたらした台風との類似性が語られた場合です。台風の場合、過去の台風

で被った災害の記録が被害規模の推定に使われます。「伊勢湾台風では○○という被害が出た。今回の台風は伊勢湾台風と同等のクラスで経路も似通っている。よって伊勢湾台風並の大きな被害が想定される」という論理です。

　類似する台風（類似台風）は予想される台風の経路やスピード、接近・上陸時の中心気圧の見込みなどと過去の台風の記録やデータを照合して選ばれます。令和元年台風19号（令和元年東日本台風）の場合は1958年の狩野川台風が類似台風でした。台風19号が関東地方に接近する見込みが立った時点で行われた気象庁の記者発表では、「狩野川台風に匹敵する記録的な大雨となる恐れ」が伝えられています。類似台風が伝えられた時には例えられた台風によってどこで何の被害が出たのかを調べるようにしましょう。

　狩野川台風では大雨により静岡県を流れる狩野川が氾濫し、伊豆地方だけで1000人を超える死者が発生しました。関東地方でも土砂災害や河川の氾濫が相次いだとの記録が残っています。狩野川台風が発生した時代と令和元年では社会状況や治水インフラの整備状況などが異なる面もありますが、大きな被害を生んだ台風が類似台風として引用される時は危険性を過小評価すべきではありません。このことは台風19号が各地にもたらした被害から見ても明らかです。類似台風に関する情報は気象庁や管区気象台の記者発表などで言及される例が多いため、大きな台風が接近する時には記者発表の資料を気象庁のホームページから確認するか、ニュースなどの報道を見るようにしてください。

　滅多に通らないコースを台風が進む場合も要注意です。2016年の台風10号は1951年に気象庁が統計を開始してから初めて東北地方の太平洋側に上陸し、岩手県では増水した中小河川によって高齢者福祉施設の入所者9名が犠牲になるなど大きな被害を残しました（図左側）。2018年の台風12号の場合は日本列島を西方向に進んだのが特徴です。台風12号は三重県伊勢市に上陸した後は瀬戸内海付近を西に進み、九州の西を南下した後に反時計回りに回転し再度北上、最後は鹿児島県の南を西方向に抜けていくという動きをしました（図右側）。これらの異例な動きをする台風は「迷走台風」や「複雑な

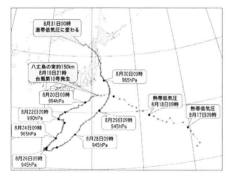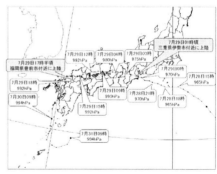

図：統計開始以来、初めて東北地方に上陸した台風（図左側）と日本列島を西向きに進んで
　行った台風（図右側）の経路図。気象庁作成資料より引用。

動きをする台風」と呼ばれる場合もあります。

　台風は台風なのでコースなど関係ないと思われるかもしれませんが、進み方によって雨が多く降る場所や風が強くなる場所などは変わってきます。まれにしか発生しない経路を台風が通過する場合には過去の経験が通用せず、また、一般的な台風の経路で大雨となりやすい場所とは違うところで雨がまとまる可能性があるので要注意です。

　台風の動きが遅いような場合も警戒をすべきです。強風や暴風に見舞われ続けることもさることながら、大雨をもたらす暖かく湿った空気が動きの遅い台風によって同じところに流れ込み続けるので雨量がどんどん増してしまう可能性があります。2011年の台風12号は動きが遅かったのが特徴ですが、この台風では紀伊半島を中心に広い範囲で1000ミリを超える大雨となり、一部の地域では2000ミリを超える雨が解析されました。その結果、各地で外水氾濫や土砂災害、深層崩壊、河道閉塞（天然ダム）などが相次ぎ、和歌山県を中心に人的被害が80名を超える災害が発生しています（紀伊半島大水害）。

　台風の進行速度に関する情報で「ほとんど停滞」や「ゆっくり移動」といった表現が出る時や、時速10キロ台で進むような時には雨がまとまったり風が強い状態が長時間継続したりする可能性があります。特に山の南東斜面に

あたる地域や流域は注意してください。台風は反時計回りの渦巻きであるため、進行方向に向かって右側では南寄りの風が吹きます。その風が南東斜面にあたることで雨雲が発生・発達し雨量が増していく恐れがあるためです。

　用心すべき台風には、停滞する前線と台風という組み合わせもあります。台風本体の直接的な影響は受けなくても、台風から流れ込んでくる暖かく湿った空気によって前線が刺激され、大雨になるケースです。台風関連のニュースなどの中で「前線が刺激される」や「前線の活動が活発化」という表現が出てくるような場合、活発な積乱雲が発生・発達して大雨となる可能性を示しています。こうした言葉が出てくる時は台風から離れた場所でも要注意です。2000年9月に愛知県内で約7万棟が浸水する被害が発生した東海豪雨災害も台風と前線の組み合わせのパターンでした。この時にはアメダス名古屋で観測された1日の降水量が428ミリに達し、観測史上1位の記録を更新しました。東海豪雨が起こる前までの観測史上1位の値は240.1ミリ（1896年に観測）であったので、台風と前線の組み合わせによって桁違いの雨が約100年ぶりに降ったことになります。

　東海豪雨が発生した当時の天気図を見ると、台風本体は沖縄付近にあり、本州を横断する形で停滞前線が伸びていたことが見て取れます（図参照）。台風はその後沖縄方面に向かい名古屋では暴風域に入ることなく終わったのですが、「直撃しないから安心」と言えないのが台風と前線のセットです。気象ニュースや予想天気図などでこの組み合わせが現れる際には、どの程度の雨量がどこで予測されているか注意して情報を見るようにしていきましょう。

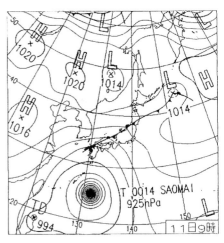

図：東海地方に豪雨をもたらした時の天気図。気象庁ホームページより引用。

台風の予報円の意味

　台風の影響を判断しようとする時には今後の進路の予想図もご覧になると思います。気象庁は、今後24時間以内に台風に発達する熱帯低気圧や台風を対象に5日先までの予測の進路や強さを発表します。気象庁のホームページでも「台風情報」の中で台風経路図が確認できます。

　こうした図の中で、現在の台風の位置を取り囲む円は暴風域や強風域を示します。今後の進路で描かれる点線の円は予報円と呼ばれ、これは予測される時間帯に台風の中心が入る確率が70％のところを指します。予報円の外側にある実線の円は暴風警戒域で、毎秒25メートル以上の平均風速が見込まれる場所です。台風の中心を結んだ線が便宜的に描かれる場合もありますが、この線の上を台風が通っていくという予測ではありません。

　予報円が先の時間帯になればなるほど非常に大きくなるような時は、予報がまだ安定していないことを指しています（図の左側）。逆に予報円が比較的小さいのであれば今後のコースとして絞れてきていることを意味します（図の右側）。台風の予報円の大きさが台風の大きさを示すわけではありません。予報円が大きい場合でも小さい場合でも先の予報は変わりやすため、最新の情報を確認するようにしてきましょう。

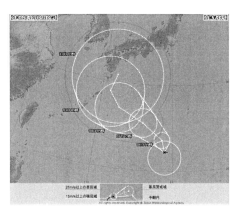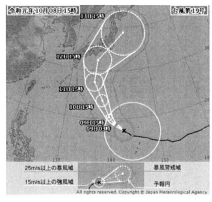

図：台風の経路図の例。予報円が大きい場合（左側）や比較的小さい場合（右側）がある。気象庁ホームページより引用。

予報円の情報は台風が温帯低気圧などに変わった後には発表されなくなります。しかし台風の構造から別のものに変化したからといって風や雨がすぐに止むわけではありません。警報などの情報や今後の雨量の分布予想を示す情報（気象庁の「今後の雨」）などを利用して影響を受ける場所を把握するようにしていきます。台風崩れの低気圧は暖かく湿った空気を伴っている影響で大雨となることもあるので厄介です。

暴風域に入る確率の判定法

台風関連の情報では気象庁のホームページで確認することができる「暴風域に入る確率」も頼りになります。この情報は各地域が暴風域に何％の確率で入るかを示すもので、暴風域に入る確率が5日先（120時間先）までに少しでも出てきた地域に発表されます。次の図は沖縄県の与那国島地方を対象とした暴風域に入る確率です。

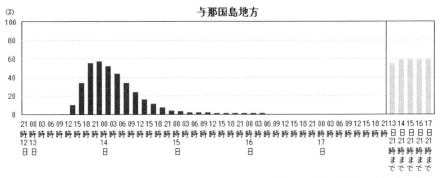

図：暴風域に入る確率の例。気象庁のホームページより引用。

確率は時間ごとに棒グラフで表されます。この情報を見る時のポイントは、確率が高いか低いかと時間ごとの変化です。この例の確率は最大で60％程度と目立って高くもないですが非常に低いわけでもありません。こうした時には安全側に立って、暴風域に入ると想定して備えておきたいところです。

　時間ごとの変化に視点をずらすと、この例では13日の昼過ぎから徐々に確率が上がり、夜から翌14日の未明にかけてピークを迎え、その後14日の夜に向けてゆっくりと確率が下がっていく形が見られます。気象庁の説明によれば、確率が時間とともに上がるところは暴風域に入る可能性がある時間帯、確率が高い状態が続く時は暴風域に入っている可能性がある時間帯、減少していく時は暴風域から抜けていく時間帯に該当するとのことです。こうしたことを頭に入れて暴風域に入る確率を見ると、風が荒れ狂う前に避難を完了しておくのであれば13日の昼前までか、遅くとも午後の早い段階での避難が必要と判断することができます。台風が実際に迫ってきた時には強風注意報や暴風警報の詳細情報で風の予測値が確認できるようになるので、暴風域に入る確率からそれらの情報に軸足を移して避難のタイミングを判断していきましょう。

8.　気象レーダーと雨量で分かる危険な雨

雨の降り方を手がかりにするメリット

　私たちは第3部で災害の可能性を示す各種の情報を見てきたわけですが、その最後として気象レーダーと雨量のデータの使い方を取り上げます。これらのツールを使うと地域がとても危険な状況になっていることにすぐに気付くことができます。ただし、漠然と気象レーダーや雨量のデータを見ているだけでは情報が読み取れないので、いくつか使い方のポイントを知っておく必要があります。

　まず、気象レーダーを見る時には、今の状態だけではなく、過去に遡って現在までの様子を確認するようにしてください。今までの流れを見るのがポイントです。1時間前から3時間程度前に遡って雨雲の様子を見ます。そうすることで、これまでに雨雲がどの方向から移動してきたか、移動のスピードは早いか遅いか、雨雲は発達しつつあるか衰退しつつあるかなどが分かります。

過去からの流れで雨雲を理解していくと、目先のところで危険が増すかどうかを自分で判断することができるようになります。雨雲が動く方向やスピードは目先1時間程度であれば過去からの流れがそのまま継続すると気象予報の世界では考えられています。例えば北東方向にこれまで動いてきた雨雲が目先の時間帯に急に向きを変えて南方向に進みだすことはないと見ます。動きがほとんどなかった雨雲であればこの先1時間程度は同じように動きがないものと判断します。

　この考え方を応用すれば、活発な雨雲がかかり始めるタイミングの前に避難しておいたり、大雨が今後も続き災害発生が避けられないと見てB案に切り替えたりすることができるようになります。気象レーダーで今の瞬間だけを見ていると目先のことは判断できないので、過去からの流れを含めて確認していきましょう。普段の雨の時でも気象レーダーを見ておき、過去の動きから目先のところを予測するスキルを磨いておくといざという時に役に立つはずです。

　気象レーダーを使う時には、大雨による災害が発生した際によく見られる危険な雨雲のパターンが現れていないかも注意して見るようにするのもポイントの1つです。この後、危険な雨の降り方の例として、線状降水帯、台風、ゲリラ豪雨の3つを取り上げてレーダーでどう映るか確認していきます。雨をもたらす気象的な原因が何であったとしても、活発な雨雲が同じようなところにかかり続ける状態が気象レーダーに映る時には災害をもたらしかねない大雨を見ていると判断してください。

　雨量のデータを使う時のポイントは、地域にとって「多すぎる雨」（第1部参照）に該当するかという視点で数字を見ていくことです。観測記録を更新するような雨、過去の災害に匹敵するような雨、排水設備の能力を上回る雨などは災害が起こっていてもおかしくない雨量であるので、雨量のデータを見てそうした規模の雨が降りつつあることに気づくことができるようになりましょう。

　気象レーダーや雨量のデータは様々な判断を下す支えになります。実際に

図：気象庁の「雨雲の動き」で雨の様子と10分間雨量を確認した例。気象庁のホームページより引用。

雨の様子や雨量を確認する際には気象庁のホームページが便利です。気象庁の「雨雲の動き」というツールを使うと、3時間前からの雨雲の様子とともに、アメダスで観測された10分間の雨量が地図上で一度に確認できます（図参照）。ただし10分間雨量は都道府県の方が気象庁よりも密な観測網を整備していることがあるので、都道府県が開設した水防や河川、土砂災害関連のポータルサイトに情報がないかも確認しておくと良いでしょう。

危険な雨のパターン①：線状降水帯の例

　ここからは気象レーダーに現れてくる危険な雨の降り方の例をいくつか見ていきます。まずは「線状降水帯」です。気象庁の定義をそのまま引用すると、線状降水帯とは「次々と発生する発達した雨雲（積乱雲）が列をなした、組織化した積乱雲群によって、数時間に渡ってほぼ同じ場所を通過または停滞することで作り出される、線状に伸びる長さ50〜300km程度、幅20〜50km程度の強い降水をともなう雨域」のことを指します。少し分かりづらいかもしれませんが、簡単に言えば活発に雨を降らせる雨雲が次ページの図のように帯状もしくは線状の形をとりながら同じ場所に継続的にかかり続けるものです。帯状か線状かの違いは幅の広さだけです。また、線状のことはライン状と表現されることもあります。線状降水帯は東西方向に走るだけではなく

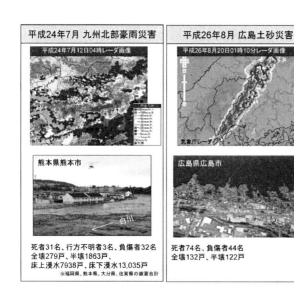

平成24年7月 九州北部豪雨災害	平成26年8月 広島土砂災害	平成27年9月 関東・東北豪雨災害

平成24年7月12日04時レーダ画像

平成26年8月20日01時10分レーダ画像

平成27年9月10日03時レーダ画像

熊本県熊本市

白川

広島県広島市

茨城県常総市

鬼怒川

死者31名、行方不明者3名、負傷者32名
全壊279戸、半壊1863戸、
床下浸水7938戸、床下浸水13,035戸
※福岡県、熊本県、大分県、佐賀県の被害合計

死者74名、負傷者44名
全壊132戸、半壊122戸

死者2名、負傷者30名、救助者約4300名
床上浸水4,400戸、床下浸水6,600戸
※茨城県常総市関係

図：各地で発生した線状降水帯とその被害。国土交通省作成資料から引用。

（図左側）、南西から北東方向に伸びたり（図の中央）、南北方向に立ったりする場合などがあります（図右側）。

　気象レーダーで線状降水帯らしきライン状の活発な雨雲を見た時には、過去から現在までの動きを確認してみてください。見るべきポイントは雨雲全体としての動きの有無です。全体像を把握しやすくするために地方レベルか近隣都道府県まで入るレベルで雨雲を見ると良いでしょう。時間が経つのに雨雲全体がピタッと停止したように見えるのか、それとも全体として少しずつ位置を変えているのかで災害の危険がある場所が変わってきます。

　もし時間が経っても雨雲全体の場所が全く変わっていないのであれば、その雨雲の直下で災害が発生することが見込まれます。そうした場所に該当する場合はすぐにB案で対応しましょう。

　一方、雨雲全体として少しずつ南下したり北上したりするなどの動きがある場合、進行方向に位置する場所では危険が迫っていると判断することができます。特に梅雨前線などに対応する線状降水帯の場合、大雨のエリアが時

間をかけて南北方向などに移動していく例が見られます（九州南部から北部
への移動など）。今は活発な雨雲の帯から外れて影響を受けていない場合で
も、雨雲全体が向かってくるようであれば避難などの対応を完了させておい
た方が良いでしょう。線状降水帯がかかると１時間雨量としても総雨量とし
ても非常にまとまった雨となりやすく、まさに災害級の雨です。大雨が実際
に降り始めた後ではできることは限られるため、近づいてくると分かった段
階で対応しておくのがより安全です。

　線状降水帯のように見える雨雲の中には足早に過ぎていくものもあります。
過去から現在までの雨雲の動きを見て、線状の雨雲全体がうさぎ跳びをして
いるかのようにピョンピョンと移動していくようであればそのタイプです。
このような時はライン状の雨雲がかかっている最中はざっと降りますが、10
分から20分程度もすれば雨は弱まります。このため時間雨量としてはまと
まらず、災害が発生するのは稀です。同じ線状の雨雲でも動き方や動くスピー
ドによって雨量やその影響が異なってくるので、過去からの動きを通じてそ
の違いを把握するようにしましょう。

　線状降水帯による大雨が数時間続けば大雨特別警報級の雨になります。次
ページの図は福岡県、佐賀県、長崎県の市町村に大雨特別警報が発表された
時の前後の時間帯を１時間ごとに整理したものです。数時間に渡って帯状に
広がる活発な雨雲が同じような場所でかかり続けていることが見て取れます。
特別警報が出る２時間前（図左上）、１時間前（図右上）、発表時点（図左下）、
１時間後（図右下）を見ても雨雲の強さや大雨となっている場所はほとんど
変わっていません。時間が経つにつれて河川や土壌などの状況は悪くなる一
方であるので、同じところに活発な雨雲がかかり続ける様子が気象レーダー
などから判断できる場合には、大雨特別警報が出ていなくても対応を強化し
ておくことをお勧めします。

▼特別警報発表2時間前

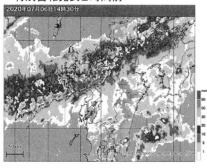

▼特別警報発表1時間前

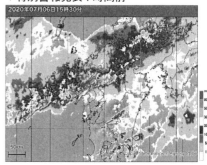

▼特別警報発表時点

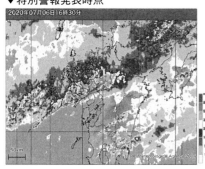

▼特別警報発表の1時間後

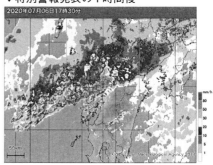

図：九州北部で大雨特別警報が発表された時点とその前後の時間帯の様子。気象庁のホームページから引用。

　線状降水帯に関しては、気象庁が新たな情報を2021年から発表します。「顕著な大雨に関する情報」というもので、この中で線状降水帯が発生した旨を伝えるようになります。顕著な大雨に関する情報では、「○○地方では、線状降水帯による非常に激しい雨が同じ場所で降り続いています。命に危険が及ぶ土砂災害や洪水による災害発生の危険度が急激に高まっています」というメッセージが示されることになっています。

　この情報は今後の予測の情報ではなく、今現在起きている事態の解説とそれに対する注意喚起の意味合いを持つものであることに注意してください。また、顕著な大雨に関する情報の発表基準は線状降水帯が発生し始めた直後ではなく、すでにある程度の大雨が降ったことが確認できた段階で設定され

ています。このため発表されるタイミングとしては線状降水帯が発生し始めてから早くても1時間以上後になると見込まれます。線状降水帯が発生する兆候が見えた段階で危険性を判断するには自分で気象レーダーを見て確認していくのが一番です。

　気象庁は線状降水帯に関する事前の予測も今後充実させていく方向で準備を進めていますが、そうした情報が提供されるようになっても予測された通りの場所や時間帯で線状降水帯が発生するとは限りません。今後も自分で気象レーダーを確認して判断していく必要性は変わらないでしょう。

危険な雨のパターン②：台風の例

　台風の際には山沿いなどで活発な雨雲が張り付いたように見えたり、反時計回りに動く雨雲が地方全体にかかったりする様子などが気象レーダーに現れます。過去から現在まで時間を動かして雨雲の動きを確認すれば、大きな渦の中心にあたる部分（台風の眼に相当する部分）を軸に雨雲全体が回転する様子も見えてきます。1つの例として令和元年東日本台風が関東地方に接近・通過した時の様子を時系列で見ていきましょう（次ページの図参照）。

　図の左上は台風が上陸した時刻から約12時間前の様子です。太平洋上の雨雲や北陸地方から四国地方の雨雲を見ると大きな渦を描いていることが見て取れます。渦の中心部分にあたる台風本体はまだまだ太平洋上にあったのですが、この時点ですでに関東地方の山沿いや紀伊半島などを中心に活発な雨雲がかかっていました。これは台風本体が離れていても油断はできないことを示します。先行的に大雨が降っていてさらに台風本体による大雨にも見舞われそうな場所に該当する場合は、時間が経つにつれて雨や風の状況が悪化していくのみです。そのような時は影響がまだ小さいうちか、暴風で身動きが取れなくなる前に避難などの対応を終えておきたいところです。

　図の右上は上陸の約4時間前の様子です。台風の目はまだ海上であり上陸はしていませんが、静岡県の南の海上にある渦巻きの中心部から見てどの方向で活発な雨雲がかかっているか注目してください。この台風では中心部か

▼上陸約12時間前

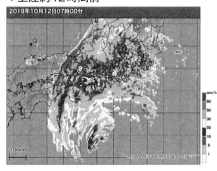
2019年10月12日07時00分

▼上陸約4時間前

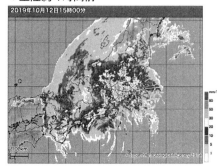
2019年10月12日15時00分

▼上陸時

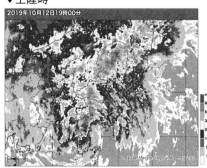
2019年10月12日19時00分

▼上陸から2時間後

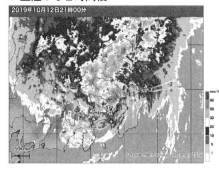
2019年10月12日21時00分

図：令和元年東日本台風による雨の様子。気象庁のホームページより引用。

ら見て北北東にあたる関東地方一帯や北から西方向にあたる東海地方の一部
で大雨となっています。一方、渦巻きの中心部から見て南側では雨が弱い状
態か降水がない状態であることが確認できます。台風の中心が移動すれば雨
の場所は変わっていきますが、中心部から見た雨の分布自体には短期的に大
きな変化はないものと仮定して今後のシナリオを自分で予想してみましょう。
台風は関東地方に上陸する予報が出ていたため、関東地方の雨の強い状態は
今後も続く可能性があること、台風の中心から見て南側に入った時にようや
く雨が弱まる可能性があることなどがこの図から推測できます。

　図の左下は台風が伊豆半島に上陸した時です。この時点でも中心部から見
て北方向を中心に活発な雨雲がかかっていました。これまでよりも濃い色が

気象レーダーに現れていることから関東地方の雨は激しさを増していることが見て取れます。図の右下は上陸から2時間後のものです。この段階に至ると神奈川県や千葉県などが台風の中心から見て南側に入り雨が弱まり始めました。関東地方南部の大雨は終わりが見えてきています。

台風の時は気象レーダーを見て、どこが大雨になっているのかを確認していくと良いでしょう。台風では上陸に重きを置いた報道のされ方をしますが、令和元年東日本台風の例で見たように台風から離れた場所でも早い段階から大雨になることがあります。また、上陸前から雨が強い状態になったりもします。そうした事態が起こっていることに気づくことが肝心です。

どのような場合であれ1つのところで継続的に強い雨雲がかかり続ける状態が見えたら要警戒です。強く降る雨が同じ場所で何時間も続けば降り始めからの雨量が増していき、やがてその地域にとっての「多すぎる雨」のレベルに達して大規模な外水氾濫や土砂災害などが起こりかねない状況になっていきます。

危険な雨のパターン③：ゲリラ豪雨

危険な雨の降り方の最後の例として、いわゆるゲリラ豪雨の事例を見ていきましょう。ゲリラ豪雨とは気象レーダー上に何も映っていなかったところから雨雲が急発達し、局地的な大雨となる現象を指す言葉です。出現の仕方がゲリラ的であることからゲリラ豪雨というわけです。

例を見てみましょう。次ページの図はある夏の日の17時30分から19時30分の間に山梨県内で発生したゲリラ豪雨の様子です。何もないところから急に約100ミリの雨が解析されるに至った様子や、当時発表された各情報のタイミングを確認していきます。

まず、17時30分の段階（図上段の左側）では長野県に南北に広がる雨雲が見え、所々で活発な雨雲が混じっていますが、山梨県内では発達した雨雲は一切ありませんでした。しかし、「このエリアに注目」と丸をつけたところがあっという間に大雨になります。20分後にあたる17時50分の気象レーダー

▼17:30 雷注意報のみ発表中

このエリアに注目

▼17:50 雨雲が局地的に急発達

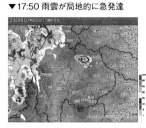

▼18:20 強い降り方が継続中

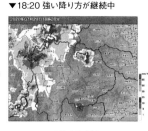

▼18:44 大雨・洪水注意報の発表
　　　 雨雲の強さはピークを超えつつある

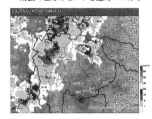

▼19:08 大雨・洪水警報の発表
　　　 19:10 記録的短時間大雨情報(約100ミリ)

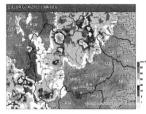

▼19:30 土砂災害警戒情報の発表
　　　 活発な雨雲は見られない状況

図：山梨県で発生したゲリラ豪雨の様子。気象庁のホームページから引用。

を見てみましょう（図上段の中央）。先ほどのエリアで小さいですが活発な雨雲が発生したことが確認できます。このような雨雲が発生した時は時間が経過する中で発達するか衰退するか、動きがあるか否か、10分間雨量で何ミリ程度が観測されるかの3点を確認してください。気象レーダーが更新された時に前の時間よりも雨が激しさを増していたり、明瞭なかたまりとして現れたりするのであれば発達したと判断します。そうした場合でも動きがあり、別の場所に向かっていくのであれば雨量はまとまらず比較的安全ですが、同じところにとどまる様子を見せるのであれば内水氾濫や中小河川の外水氾濫、土砂災害などの危険性が高まるため危険です。10分間雨量は1時間に何ミリ降るのかの推定に利用します。

　この山梨の事例では発達傾向が見られ、しかも発生した場所からほとんど動きを見せませんでした。18時20分の雨雲の様子でも同じような場所に活発な雨雲がかかり続けていることが確認できます（図上段の右側）。18時45分になると、雨量の強度が弱まり、形も崩れてきていることから雨のピーク

を越えつつあると判断することができます（図下段の左側）。しかしここで地元気象台は大雨・洪水注意報を発表してきました。続く19時10分の段階（図下側の中央）では雨の降り方はさらに弱まって終息傾向が顕著でしたが、気象台は19時8分に大雨・洪水警報を発表し、19時10分に記録的短時間大雨情報として約100ミリの雨が解析されたことを伝えています。19時30分の段階ではこれまでに降った雨を踏まえて土砂災害警戒情報も発表されましたが、降ってくる雨としては普通の強さの雨しか見あたらない状況です（図下段の右側）。

　ゲリラ豪雨の場合はこの山梨県の例のように展開が早いのが特徴です。線状降水帯が発生・発達するような場合も早い場合があるのですが、そうした時には注意報や警報、あるいは自治体からの避難情報など人が判断して作成する情報が後手に回ってしまう時もあります。情報の発表を待っているとワンテンポ以上遅れてしまう可能性があるため、自分で気象レーダーを見て危険性を判断していった方が避難などにあてるリードタイムを生み出せます。

10分間雨量で雨量を推計しよう

　気象レーダーで大雨となっている様子を見る際には10分間の雨量も注目してください。最寄りの雨量計のデータだけではなく、活発な雨雲がかかっている直下で10分間に何ミリの雨が降っているかを見ていきます。例えば次の図では熊本県内にライン状の活発な雨雲がかかっていますが、この雨雲の直下で観測された10分間の雨量を見るとだいたい10ミリ前後のとこ

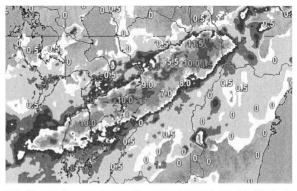

図：熊本県内で10分間に降っている雨量を調べた例。気象庁のホームページから引用。

ろが多く、場所によっては17ミリに達しているところがありました。

　10分間雨量を把握したら雨の継続時間を掛け合わせていきます。熊本にかかっている雨雲が同じところに1時間先まで停滞しそうであれば10分間雨量を単純に6倍し、1時間に60ミリ前後から100ミリ前後の雨になりかねないと判断します。この先どの程度の時間に渡って雨雲が影響しそうかは気象レーダーで過去からの雨雲の動きを見て判断しましょう。台風の時でもゲリラ豪雨が現れた時も10分間雨量をもとにこの先の雨量を推測していくことは同じです。1時間雨量としてその地域にとって「多すぎる雨」になりそうであれば災害が発生する危険性が高まると見て対応します。活発な雨雲であっても動きがあり20分程度で通り過ぎていくのであれば、10分間雨量×2程度の雨がざっと降って終わると見込んでおきます（例えば10分間で15ミリが2回分で1時間雨量としては30ミリ程度など）。

　10分間雨量で1時間の雨量を推計する方法を使うと、記録的短時間大雨情報が出そうな降り方をしていることにも素早く気づくことができます。例えば1時間に100ミリがその情報の発表基準であれば、10分間雨量で15〜20ミリ以上という降り方が1時間続いた時に出される情報だとあらかじめ分解して理解しておきます。実際に大雨となった時に10分間の雨量で15〜20ミリ以上が観測され、その活発な雨雲が同じところにかかり続ける様子を見せていたらそれは記録的短時間大雨情報クラスの降り方をしていると判断できます。そのようにして見ていけば、記録的短時間大雨情報が実際に発表される前から対応を前倒しできます。気象レーダーと10分間雨量を組み合わせることで早い段階から異変に気付けるようになっておきましょう。

長時間の間に降った雨量の調べ方

　台風や停滞した前線などによって長時間に渡って雨が降るような時には、10分間雨量でこの先1時間程度の雨量を推計するだけではなく、今までにどの程度の雨が降ったのかも確認して影響を判断していく必要があります。これまでほとんど雨が降っていないところで1時間に80ミリ降るのと、すでに

数百ミリ降っているところで1時間に80ミリ降るのとでは一般的に言って後者の方がより危険です。すでに河川の水位や土の中の水分量がギリギリの状態であったところにさらにダメ押しの雨が降るようなものであるため、長雨と強雨のセットは大きな災害に結びつく可能性があります。

これまでに降った雨を簡単に調べる方法は、気象庁ホームページで公開されている「最新の気象データ」から「降水の状況」を見ていくことです（図参照）。このツールで「現在の値」を見ると、これまでに降った1時間、3時間、6時間、12時間、24時間、48時間（2日間）、72時間（3日間）の降水量や日降水量がそれぞれ確認できます。過去に地域で発生した災害時の雨量に匹敵するようなものとなっていないか、また、これまでの観測記録の上位に匹敵するような大雨になっていないかを見ておきましょう。もし該当する場合には災害発生の可能性が非常に高まっていると捉えて対応していきます。

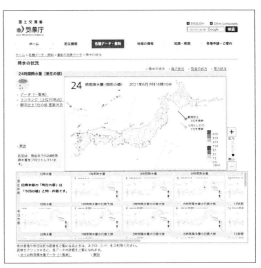

図：気象庁のホームページにある「降水の状況」ではこれまでに降った雨量の確認が可能。

この先の雨量の調べ方

今現在の雨量や過去から現在に至るまでの雨量に加えて把握しておきたいことは、この先の雨量です。目先1時間程度の雨量を把握する場合は気象レーダーに映る雨雲の動きと10分間雨量で推計する方法を取っておけば良いでしょう。

目先1時間程度を過ぎるとこの方法の有効性が落ちてくるため、気象庁の

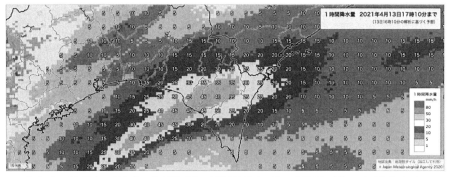

図：気象庁が提供する「今後の雨（降水短時間予報）」で雨の予測を確認した例。気象庁ホームページより引用。

ホームページから「今後の雨（降水短時間予報）」を開いて予測される雨量を確認していきます。「今後の雨」では1時間ごとの降水量の予測値が15時間先まで公開されています。地図を拡大していけば予測値も画面上に現れてきます（図参照）。この情報の注意点ですが、先の時間帯になればなるほど雨量や雨が降る場所などが変わりやすいので、主に目先数時間程度の雨量を把握する用途で使っていくと良いでしょう。このツールでは6時間先までの時点の3時間雨量や24時間雨量を調べる機能も選択できます。

9.　避難指示などの防災情報の意味と使い方

自治体が発令する避難指示等の意味

第3部の最後として、自治体が発令する避難指示などの情報を整理していきます。災害の危険性が高まった際には、段階に応じて「高齢者等避難」（警戒レベル3）、「避難指示」（警戒レベル4）、「緊急安全確保」（警戒レベル5）の各情報が発令されます（2021年より「避難勧告」は廃止されました）。

これらの情報が発表される状況と「住民が取るべき行動」の対応は次の図のとおりです。災害の恐れがある場合はレベル3の「高齢者等避難」が発令され、避難に時間を要する高齢者等は危険な場所から避難し、その他の人も行

動を見合わせたり自主的な避難を始めたりすることが求められます。レベル4の「避難指示」は災害の恐れが高い状況下の発令が想定されています。この情報は、被害が発生しかねない場所から全員避難するように求めるものです。レベル5の「緊急安全確保」は災害が発生したことが確認できた後か災害発生の直前という状況で、直ちに安全を確保するよう呼びかけるものです。レベル4までとレベル5では状況が異なるため、「警戒レベル4までに必ず避難！」との注意書きが図の中に添えられています。

警戒レベル	状況	住民がとるべき行動	行動を促す情報
5	災害発生又は切迫	命の危険　直ちに安全確保！	緊急安全確保※1
<警戒レベル4までに必ず避難！>			
4	災害のおそれ高い	危険な場所から全員避難	避難指示（注）
3	災害のおそれあり	危険な場所から高齢者等は避難※2	高齢者等避難
2	気象状況悪化	自らの避難行動を確認	大雨・洪水・高潮注意報（気象庁）
1	今後気象状況悪化のおそれ	災害への心構えを高める	早期注意情報（気象庁）

※1 市町村が災害の状況を確実に把握できるものではない等の理由から、警戒レベル5は必ず発令されるものではない
※2 警戒レベル3は、高齢者等以外の人も必要に応じ、普段の行動を見合わせ始めたり危険を感じたら自主的に避難するタイミングである
（注）避難指示は、令和3年の災対法改正以前の避難勧告のタイミングで発令する

図：大雨の警戒レベルと自治体が発令する各情報の対応。内閣府防災担当のホームページより引用。

多くの自治体ではこれらの情報を滞りなく発令することができるように、河川の水位や気象庁、河川管理者などから発表される情報などを取り入れた発令基準を設定しています。

避難指示等を手がかりとして避難を計画する場合、各自治体が何をもって各情報を出そうとしているのか詳しく確認しておきましょう。自治体が出す情報を自分の判断基準として利用して良いかあらかじめチェックしておくわけです。もし、自治体が情報を発令するタイミングと自分自身のA案実施の

タイミングやB案への切り替えのタイミングが合致しそうであれば「高齢者等避難」や「避難指示」、「緊急安全確保」を判断材料として取り入れれば良いですし、そもそも合致しないのであれば他の気象情報などを用いて避難する計画を立てておいた方が安全です。

　各情報の発表基準は自治体のホームページやハザードマップに記されていることもあれば、地域防災計画上にまとめられていることがあります。調べても情報が出てこなければ市町村の防災担当部局に直接問い合わせて尋ねてみましょう。なお、全域が水没する見込みがある自治体では、広域避難を呼びかける情報が独自に整備されていることもあります（東京都の江東5区などの「広域避難勧告」等）。該当する場合は同じく情報の発表基準を調べ、自分の避難行動に取り入れられるか検討しておくと良いでしょう。

自治体が発令する情報の問題点

　自治体が避難関連の情報を発令するタイミングと自分が避難に必要とするリードタイムにズレがないと確認できた時でも、自治体の情報だけで避難の判断を行うことは避けるべきです。

　様々な問題があるのですが、まず自治体から必ずしもタイムリーに情報が発令されるわけではない点が挙げられます。自治体が人員体制を整えて避難所を開設し、避難を呼びかけるには一定の時間を要するため、例えば急発達するような雨の降り方をする場合では対応が間に合いません。また、もともと予測された以上に大雨となった場合でも自治体内が混乱し、情報発表や対応が後手になりがちです。深夜や未明などの時間帯に状況の悪化が重なってしまうと、「今のタイミングで避難を呼びかけるのはかえって危険を招きかねない」といった判断が働き、情報発表が遅れたり見送られたりしたケースも過去に起こっています。避難の呼びかけが始まったのは災害が起こった数時間後というのもよく耳にする例です。避難情報はタイムリーに出ないことをあらかじめ想定した上で、自分でもその他の情報を使って避難の必要性を判断できるようにしておいた方がより安全で確実です。

　自治体の避難情報が仮にタイムリーに発表されたとしてもまだ問題があります。それは避難情報の内容自体が乏しく判断に困るという問題なのですが、これは過去に実際に発表された具体例から確認してみましょう。以下は令和元年東日本台風の上陸前に東京都江戸川区が発表した避難勧告のメッセージからの抜粋です（区ホームページに掲載されていたもの）。この情報を自分が受け取った時に避難の判断が実際にできるかを考えながら読んでみてください。

避難勧告の発令について

10月12日（土曜日）午前9時45分、江戸川区災害対策本部から新中川より西側の地域に避難勧告を発令しました。（清新町・臨海町は除く）対象地域は以下のとおりです。ご確認ください。避難所を順次開設しております。お年寄りの方・お身体の不自由な方・小さなお子様のいらっしゃる方・危険を感じられる方は速やかに避難してください。（以下略）

　上記の江戸川区のメッセージは、避難に関する情報を発表した日時、避難が必要となるエリア、避難所の開設状況、速やかな避難の呼びかけで構成されています。こうした避難情報の発令事実だけを伝えるタイプのメッセージは何も江戸川区だけではなく全国的に見られますが、避難を判断するのに必要な情報が抜けているような気がしないでしょうか？

　この例で語られていない内容は、今どのような状況に直面しているか、今後何の危険性が具体的に高まるのか、避難しなければどういったことに巻き込まれるのか、いつまでに避難を完了しなければならないかといった点です。これらは避難を具体的に判断していくために必須の情報だと考えられるのですが、そうしたことは自治体の避難情報からは抜け落ちがちです。

　これらの問題点があるため、自治体の避難指示等だけを使って避難を判断していけば良いと考えるのは逆に危険です。気象情報や水位に関する予測な

どの情報を自分でも使って、避難情報の中で語られていない点や避難のタイミングを補って判断していくのが望ましいあり方です。

A案・B案シートの⑤・⑥に記入してみよう

　私たちは第2部のワークの中で理想的な行動計画にあたるA案と、非常中の非常プランに相当するB案を考えてきました。それと同時にA案を阻害する要因も検討済みです。第3部のワークでは、A案実施のタイミングの判断に役立つ情報や、すでにA案を取ることができない可能性を示す情報を選んでいきましょう。A案が取れない状況が情報に現れる時はB案を取るべき時です。

　以下のところでA案実施の手がかりとして使える情報とB案への切り替えの手がかりとして使える情報の例をリストアップしました。これらを参考に「⑤A案実施の手がかりとする情報」や「⑥切り替えの手がかりとなる情報」に記載していきましょう。情報を選ぶ時には1つに絞ると発表が遅れたり発表されなかったりした場合のリスクがあるため、できるだけ複数の情報を選んでおいた方がより確実です。自治体が発表する高齢者等避難（レベル3）や避難指示（レベル4）も発表基準を調べた上で利用していっても良いでしょう。

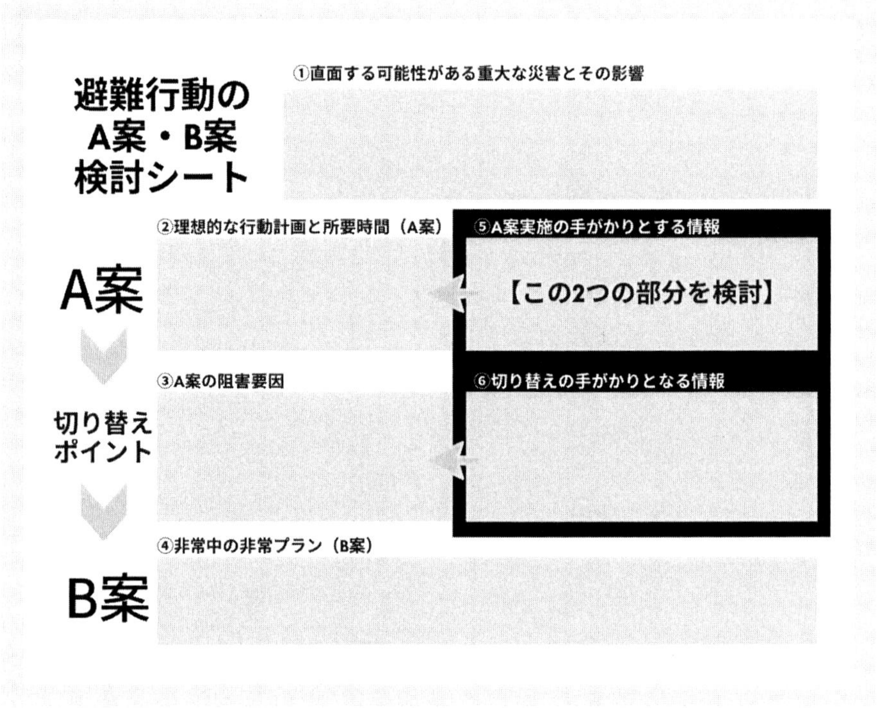

避難行動の
A案・B案
検討シート

①直面する可能性がある重大な災害とその影響

A案

②理想的な行動計画と所要時間（A案）

⑤A案実施の手がかりとする情報

【この2つの部分を検討】

切り替え
ポイント

③A案の阻害要因

⑥切り替えの手がかりとなる情報

B案

④非常中の非常プラン（B案）

①から⑥まで全て記載し終えたら避難行動の「避難行動のＡ案・Ｂ案検討シート」は完成です。大雨となる際に参考としてぜひ役立ててください。

Ａ案実施の手がかりとする情報の例

Ａ案向けの情報の中には災害の可能性を早い段階から伝えるものと、災害の確度が高まっていることを伝えるものがあります。ここでは第３部で取り上げた情報を次の３つに整理しました。避難等にかかる時間を考慮してどの段階のものを使うか検討してみてください。

(1) １日〜数日前の段階の情報に現れる災害の可能性
(2) 状況が悪化する前に安全に避難ができるタイミングを示す情報
(3) 目先１時間以内から数時間以内に災害発生が避けられないと判断して行動すべき情報

いずれの場合でも最新の予報を得ることと、雨雲の動きや雨量・水位のデータを自分でも確認することを通じて状況の変化にすぐに応じられるようにしておくことが重要です。

(1) 1日～数日前の段階の情報に現れる災害の可能性

　次のような条件にあてはまる場合は普段の雨とは異なり災害の危険性がある雨だと判断して避難の準備や実際の避難行動をとっておくと良いでしょう。予測は変わっていくことがあるので最新情報も随時確認していきます。

避難の準備や避難行動を起こす条件の例	見極めに使う主な道具
□自分の地域に過去の災害や歴代の記録に匹敵するような雨量が見込まれた時	民間気象会社の記事に現れる雨量の予測、Windy.comによる雨量予測、気象庁等の記者発表、府県気象情報
□警報級の事象が見込まれた時	早期注意情報 （警報級の可能性）
□台風の進路がその地域に災害をもたらした過去の台風と類似する時	気象庁等の記者発表、民間気象会社の記事、台風の進路の予想図
□台風の暴風域に入る確率が比較的高い予想の時	台風の進路の予想図、暴風域に入る確率
□「非常に強い」「猛烈な」と形容される台風が勢力を保ったまま直撃する可能性がある時	気象庁等の記者発表、台風情報、気象ニュース
□台風関連の特別警報が発表される可能性について示唆される時	気象庁等の記者発表

(2) 状況が悪化する前に安全に避難ができるタイミングを示す情報

　災害発生の可能性が数時間先から半日先にかけて高まった時に出される情報のうち、比較的安全に避難ができるタイミングを示すのが次の情報です。

避難行動を起こす条件の例	見極めに使う主な道具
□1時間雨量や風速が安全な避難を妨げるレベルに至る前の段階	大雨注意報・大雨警報（浸水害）、強風注意報・暴風警報、特別警報などの詳細情報
□ライン状の活発な雨雲や台風などによる活発な雨雲が今現在はまだかかり始めていない時	気象レーダー、10分間雨量、気象庁の「今後の雨」
□雨が降り始めていても被害がまだ発生していないか軽微である可能性が高い時（活発な雨雲がかかる場合は状況が急激に悪化する可能性があるので注意）	10分間雨量、気象レーダー、浸水キキクル・洪水キキクル・土砂キキクルで黄色や赤色の表示まで
□大雨となっていても地域にとっての「多すぎる雨」のレベルにはまだしばらく時間がかかりそうな時	10分間雨量、気象レーダー、気象庁の「降水の状況」、気象庁の「今後の雨」
□河川の水位が普段の水位から急上昇し始めた時	川の防災情報等の水位の情報
□指定河川洪水予報で予測された今後の水位が氾濫危険水位を超えて上昇していく時間帯に至る前	指定河川洪水予報

(3) 目先1時間以内から数時間以内に災害発生が避けられないと判断して行動すべき情報

　以下にまとめた情報が確認できた時にはこの先何らかの災害が起こるものとして対応していく必要があります。ここで挙げる情報はごく短時間でＡ案が完結できる場合のみＡ案実施の最後のタイミングとして利用することができるでしょう。ただし常にリードタイムが取れるとは限らないため、状況的に安全に避難ができなくなった場合にはすぐにＢ案に切り替えて対応する必要があります。

避難行動を起こす条件の例	見極めに使う主な道具
(内水氾濫・外水氾濫・土砂災害) □ライン状の雨雲や台風、ゲリラ豪雨などにより活発な雨雲がすでにかかり、雨雲全体の動きが遅いために今後も1時間以上に渡って継続して大雨が見込まれる時 □降り始めからの雨量が過去に発生した災害時の雨量に近づいている時 □これまでの観測記録を塗り替え始める雨となっており、この先もまとまった雨が見込まれる時	気象レーダー、10分間雨量、気象庁の「降水の状況」、気象庁の「今後の雨」
(内水氾濫) □下水道の対応能力を超える雨に相当する10分間に10ミリ前後以上の雨が降り、それが短時間ではなく1時間前後以上は継続しそうな時 □河川の水位が高くなっていく見込みがある中で、洪水キキクル上に赤色の縞模様の表示が出ている時(湛水型の内水氾濫) □ポンプ場の運転調整の水位に近づきつつあり、運転停止が避けられない時	気象レーダー、10分間雨量、気象庁の「今後の雨」、洪水キキクル、川の防災情報等の水位の情報
(外水氾濫) □活発な雨雲がかかり続ける見込みの時に、中小河川の外水氾濫の危険度を示す洪水キキクルで薄い紫色が現れる場合 □指定河川洪水予報の中で伝えられる流域平均雨量の実況と予測の合計値が浸水想定区域図で使われた流域平均雨量の想定に近づくか超えていく場合 □氾濫危険情報の中で水位がさらに上昇していく見込みが伝えられた時や、氾濫危険水位を超えた状態が長く続きそうな見込みの時 □氾濫危険水位や堤防の一番上に向けて水位が上昇し続けていく時 □水害リスクラインで氾濫危険水位を超えた赤色の表示が現れた時	気象レーダー、気象庁の「今後の雨」、洪水キキクル、指定河川洪水予報、川の防災情報等の水位の情報、水害リスクライン

避難行動を起こす条件の例	見極めに使う主な道具
（土砂災害） □活発な雨雲がかかり続ける見込みの時に、土砂災害警戒情報が発表されたり、土砂キキクルで薄い紫色が発表されていたりする時	気象レーダー、気象庁の「今後の雨」、土砂災害警戒情報、土砂キキクル

A案からB案への切り替えに適した情報の例

　以下にまとめた情報は災害がすでに発生している可能性が高いか、すでに発生していることを伝えるものです。「本当に自分に影響するような災害が起きているだろうか」と思われるかもしれませんが、さらに情報を集めたり、様子をしばらく見ようとしたりすると追加的な時間がかかってしまうため身を危険に晒しかねません。非常中の非常プランであるB案にすぐに切り替えて対応しましょう。なお、予測よりも実況が大幅に悪化してしまったり、雨の降り方が極端であったりした時にはA案を取る時間的な余裕が全く取れず、B案から対応をスタートせざるをえない場合もあります。

B案に移行する条件の例	見極めに使う主な道具
（道路冠水や内水氾濫で安全に避難できない状況を示す情報） □道路が川のようになる目安である1時間に30ミリ以上の雨がすでに降っている時（雨量の数字が大きいほど影響大） □氾濫型の内水氾濫の危険度を示す浸水キキクルですでに濃い紫色の表示が現れ、過去に発生した重大な災害に匹敵する状態に達している場合 □本川の水位がすでに高くなっている状態下で、湛水型の内水氾濫により重大な災害が発生した時と同様の状況を示す赤色の縞模様の表示が洪水キキクル上に出ている時 □水位が上がったためにポンプ場の運転調整がすでに実施されている時	10分間雨量、浸水キキクル、川の防災情報等の水位の情報、洪水キキクル、自治体からの情報

B案に移行する条件の例	見極めに使う主な道具
（大きな災害をもたらす危険な雨がすでに降っていることを示す情報） □線状降水帯のようなライン状の雨雲や活発な雨雲がすでに1時間から数時間以上かかり続けている時 □観測史上第1位の値を超える大雨になったり、歴代の上位の記録に並ぶ雨量がすでに降ったりした場合 □過去の災害時を上回る雨量がすでに観測されている時 □記録的短時間大雨情報が複数回に渡って同じ場所で発表された時や、記録的短時間大雨情報クラスの雨量が継続している時	気象レーダー、10分間雨量、気象庁の「降水の状況」、記録的短時間大雨情報、顕著な大雨に関する情報
（大規模な内水氾濫や外水氾濫、土砂災害がすでに発生している可能性が高いことを示す情報） □大雨特別警報（浸水害）や大雨特別警報（土砂災害）が発表された時 □中小河川対象の洪水キキクルで濃い紫色がすでに表示されている時 □指定河川洪水予報の対象河川で氾濫危険情報がすでに発表され、水位のデータが氾濫危険水位を大きく超えて上昇した状態の時（ピークを超えた後の決壊も起こりうるので注意） □水害リスクラインで氾濫発生後の可能性を示す黒色の表示が現れている時 □水位のデータを見てすでに堤防の高さを超えている時 □土砂キキクルで濃い紫色が表示されている時 □土砂災害発生の前兆現象に気づくことができた時	特別警報、浸水キキクル、洪水キキクル、土砂キキクル、川の防災情報等の水位の情報、指定河川洪水予報、水害リスクライン
（災害が発生したことを伝える情報や手がかり） □指定河川洪水予報で氾濫発生情報が発表された時（氾濫の発生場所が遠方の場合は浸水発生までに時間差が生まれることもある） □自治体から緊急安全確保（レベル5）が発表された時 □ソーシャルメディアやマスコミなどの報道などで災害の発生が確認できた時 □濁った水が流れ込んできて住宅などの浸水深がどんどん上がっている時	指定河川洪水予報、自治体からの情報、ソーシャルメディアやマスコミ等からの情報、実況

終わりに

災害の進展に気づけないままの被災をゼロに

　本書では気象情報を避難の判断に取り入れる方法について考えてきました。どのような災害リスクや影響が見込まれるのか詳しく知ることを出発点とし、それに対する避難行動としてＡ案とＢ案を考え、さらに各種の気象情報やデータとＡ案実施やＢ案へ切り替える際のタイミングを結びつけることを通じて情報力を避難力に変えていく試みだったのですが、いかがでしたでしょうか？

　最後に１つだけアドバイスですが、情報の使い方を頭で知っていることと自分が実際に判断できることはやはり異なるため、いきなり本番を迎えて戸惑うことがないようにぜひ練習をしてみてください。他の地域で大雨が起こりそうな時や大雨が降っている時には、注意報や警報の詳細情報や気象レーダー、観測された10分間雨量、これまでに降った雨量、各種のキキクル、指定河川洪水予報、水位の情報などを見て、自分がその大雨に見舞われているとしたらいつまでに何をするかをシミュレーションしてみましょう。過去に発生した災害の時に何の情報が出ていたのか調べ、追体験してみるのも有益です。様々な事例を見れば見るほど目が鍛えられていき、本当に危ない状態に素早く気づくことができるようになるはずです。

　大雨となったケースをいくつも見ていくと、災害発生の危険性が高い情報が出ていたにもかかわらず実際には何も起こらなかったという例も数多くご覧になると思います。逆に、事前の情報ではこの先の危険性が伝えられていなかったのに、あっという間に状況が悪くなる例も目撃されることでしょう。いわゆる空振りや見逃しです。これらは気象情報や災害情報が克服していかなければならない課題として残っています。

　あたる時もあれば外れることもあるのが気象情報です。しかし、だからと言って情報を全く使わずに目の前で起こることだけを判断根拠として対応するのはぜひ避けてください。「雨や風が本当に強くなってきたら避難しよう」

「川が実際に溢れそうになってから避難しよう」では遅すぎて逃げ時を失うのです。「本当に予想通りになるかもう少し様子を見て確かめてみよう」という先送りの判断も大敵で、災害発生までの貴重な時間を失ってしまう原因です。

　「判断を誤ることを恐れない」というのが情報を使って避難行動を取る上での鉄則です。危ない事態が起こりそうな手がかりが予測やデータの中に現れる時には「万が一」ということが起こりえますので、安全側に立って迷わず決断して迅速に行動してください。

　気象災害の発生はゼロにはできませんが、気象情報やリアルタイムのデータを使えば災害が間近に迫っていることに気づけずそのまま被災することは確実にゼロにできます。大雨により危険が迫るような時にはぜひ本書で学んだ情報の見方を活かしていただき、ご自身や家族などの身の安全を確保していただければと願っています。

著者プロフィール

渡邉俊幸

気象予報士｜気象とコミュニケーションデザイン代表

2001年より愛知県旧西枇杷島町の防災担当として災害対策に従事。2005年に民間気象会社に移り、全国の自治体に向けて気象情報を提供。民間シンクタンクを経て、2013年より豪州の大学院に留学し、気象情報の利用に関する研究を進める。2014年からオランダに拠点を移し、気象情報の使い方に関して助言などを行う「気象とコミュニケーションデザイン」を設立。2017年から2018年にかけて、世界銀行の防災分野のシニアコンサルタントとしてエチオピア政府を対象としたプロジェクトにも参画した。現在はメディアにて連載を持つ他、一般や企業向けの気象防災セミナーの講師も務めている。
ホームページ www.suigaitaisaku.com

情報力は、避難力！

2021年11月8日　第1刷発行

著　者　渡邉俊幸
発行者　日本橋出版
　　　　〒103-0023　東京都中央区日本橋本町 2-3-15
　　　　　　　　　　共同ビル新本町 5 階
　　　　電話：03-6273-2638
　　　　URL：https://nihonbashi-pub.co.jp/
発売元　星雲社（共同出版社・流通責任出版社）
　　　　〒112-0005　東京都文京区水道 1-3-30
　　　　電話：03-3868-3275